ARMAND SILVESTRE

Gauloiseries

NOUVELLES

PARIS

À LA LIBRAIRIE ILLUSTRÉE
7, RUE DU CROISSANT, 7

ASNIÈRES — IMPRIMERIE LOUIS BOYER ET Cie

GAULOISERIES

NOUVELLES

EMILE COLIN. — IMPRIMERIE DE LAGNY.

ARMAND SILVESTRE

Gauloiseries

NOUVELLES

PARIS

A LA LIBRAIRIE ILLUSTRÉE

7, RUE DU CROISSANT, 7

LA PRÉCAUTION INUTILE

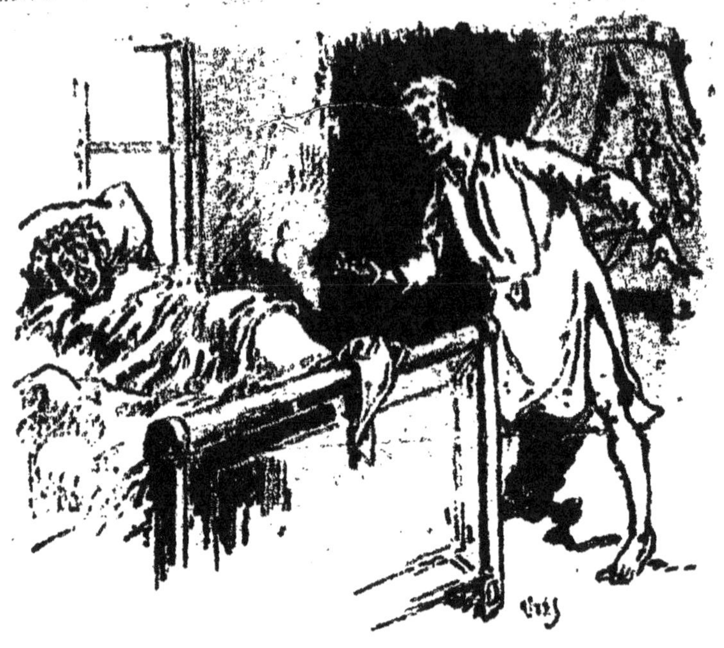

LA PRÉCAUTION INUTILE

I

Un titre de vaudeville, n'est-ce pas? De vaudeville mi-moral, mi-grivois, comme les aimaient nos pères. Car la moralité au théâtre gît tout entière dans le dénouement, et pourvu que Gontrand épouse Adolphine à la fin de la pièce, on peut dire et chanter tout ce qu'on veut. C'était ainsi, du moins, au temps de la censure qu'on nous veut reprendre et que, pour ma part, je regretterai sincèrement. C'étaient de fort braves gens, ces censeurs dont on nous veut décatonner! Ils s'amusaient si peu à lire entre les lignes des manuscrits qu'ils ont laissé jouer dix fois, au moins, ce merveilleux ouvrage de *la Liqueur d'or* dont la pudeur du soldat Ladmirault, alors gouverneur de Paris, fut révoltée. J'attends le premier directeur à son premier procès pour entendre gémir les auteurs dramatiques. Plus le petit mot pour rire dans le dialogue! Berquin et Bitaubé sur toute la ligne! La scène deviendra quelque chose de tellement édifiant que les jeunes filles elles-mêmes en seront écœurées. Elles préféreront l'église au spectacle, et ce sera le signal d'un redoublement de foi religieuse dans les classes aisées. Les vêpres deviendront un plaisir folâtre comparées au répertoire. Pour ma part, j'ai toujours préféré l'admirable musique et le cérémonial auguste des pompes catholiques à ce qu'on nous montre depuis trente ans, pour notre argent, à l'Opéra et à la Comédie. Mais ce m'était un goût particulier qui deviendra général, grâce à la suppression de cette tant benoîte censure, laquelle était la seule sauvegarde de la gaudriole, le *refugium peccatorum*, la galanterie dernière du franc rire gaulois, la protectrice naturelle des polissonneries joyeuses. Tous bons enfants, ces lecteurs bénévoles de nos audaces innocentes. Quand Émile Bergerat et moi fîmes représenter, il y a une bonne douzaine d'années, au Vaudeville, *Ange Bosani*, où se voyait pour la première fois un mari vivant de sa femme, tout ce qui fut exigé de nous, c'est que le drôle eût aussi la manie du jeu, afin, nous dit-on, « qu'un homme faisant ce vilain métier de proxénête conjugal ne fût pas présenté pour un honnête homme ». Avouez que, dans une matière aussi scabreuse, c'était un minimum de concessions. Mais je ne suis pas ici pour donner mon avis sur les choses du gouvernement. Je reviens à mon histoire et j'ajoute que, bien qu'elle ait un titre de vaudeville, je défie le plus habile metteur en scène de la traduire congrument, en beau langage mimé, devant ce qu'on est convenu d'appeler le public.

II

Ce n'est pas que le décor soit malaisé à installer, ni les costumes d'une grande difficulté d'exécution. Une chambre à deux lits, cela s'est vu souvent au théâtre, et des gens en toilette nocturne aussi. De plus, nous sommes à la campagne, et rien de moins luxueux que cette double couchette aux rideaux à ramages, sous un plafond traversé de larges poutres. Deux couples y reposent, il est vrai ; mais deux couples dont les mœurs ne sauraient être soupçonnées. D'un côté, M. et Mme Thomas, deux sexagénaires incapables de se souvenir, — car ce n'est pas tous les jours la fête de Mme Denis, — une façon de Philémon près d'une façon de Baucis, mais dont les ronflements ne rappellent guère les divines mélodies de Gounod ; de l'autre côté, deux frères jumeaux, deux gars robustes, Etienne et Marcel, dormant le beau et large sommeil de la jeunesse vigoureuse, ce sommeil sans rêve qui est la vigueur du paysan. Ah! c'est que la journée a été chaude. On a beaucoup travaillé? Allons donc! vous voulez rire! On a dansé tout le temps, dansé comme des fous; les vieux aussi qui secouaient en cadence leurs mentons en casse-noisettes, avec des malices tardives dans les yeux. Et, debout, sur un fût vide, le violoneux avait râclé sans relâche, apoplectique à la fin, le pauvre homme, et demandant grâce dans un regard doucement aviné. Toutes les plus belles filles du pays étaient là. Gertrude la Mouflue, dont les mollets faisaient passer dans la foule un frisson d'aise; Claudine la Fûtée, qui montrait avec tant de plaisir ses belles dents de jeune chien; Hermance la Grimaude, qui prenait des façons de reine offensée au premier mot galant, mais qui n'était pas moins bonne fille que les autres, sous un bois de coudriers. Ç'avait été, vous dis-je, un éblouissement de chairs roses sous des cheveux de toutes nuances, mais, également ébouriffées; un inextricable enlacement de bras dans des rondes sans fin, une clameur faite d'éclats de rire, une kermesse en plein vent, comme Rubens aimait à les peindre. Tiens! la fête du pays ne revenait qu'une fois l'an et ça avait été ce jour-là, un jour d'août tout traversé de soleil, avec de bonnes odeurs de fleurs sauvages et de fruits mûrs. Etonnez-vous donc, après cela, qu'Etienne et Marcel fissent, côte à côte, un si bon somme dans le lit étroit qu'ils devaient à la munificence d'un oncle, leur hôte, dont les vieux parents avaient aussi accepté le modeste coucher. Quoi, ni Etienne, ni Marcel n'avaient rencontré une belle fille...? Vous vous croyez à la ville, compagnons, où les choses se passent, en effet, ainsi. Mais il n'en est pas de même au village. Croyez bien d'ailleurs que l'immoralité n'y perd rien. On se cache un peu! voilà tout. Mais interrogez les fauvettes qui nichent dans les taillis profonds et se plaisent à charmer les amoureux, ou bien les grands blés qui ondulent comme des draps, de larges draps d'or léger sous lesquels flotte un lumineux mystère, et que traverse, çà et là, comme un trou de pourpre, la tête rouge d'un coquelicot.

III

M. Thomas était chantre de sa paroisse. Cela a l'air indifférent à la marche de mon récit, mais ne manque pas cependant d'intérêt. Il devait à ce musical exercice de ronfler juste à la tierce de Mme Thomas, ce qui constituait une harmonie moins compliquée que celles de Richard Wagner, mais appréciable déjà pour les oreilles délicates. Il ronflait à la tierce et rigoureusement en mesure. Le sommeil des vieux époux, plus léger que celui des jeunes gens, était traversé de songeries agréables. Il semblait à M. Thomas que son curé lui donnait une gratification pascale, et à Mme Thomas qu'elle faisait un délicieux voyage sur un lac, bercée dans une nacelle, avec un jeune page au gouvernail qui lui disait des bêtises. La nacelle avait une voile blanche que la brise du soir enflait comme l'aile d'un grand cygne, et les bêtises du jeune page prenaient un tour très dangereux pour l'honneur de son mari. Ainsi leurs vieilles caboches vides s'emplissaient de délicieuses billevesées, mais avec une pointe de poésie dans l'esprit de Mme Thomas. Car les femmes ont cela de supérieur à nous qu'elles aiment mieux le surnaturel, ce qui les rend si sagement fidèles aux vieilles croyances d'antan, lesquelles sont, après tout, la consolation de vivre. L'amour passe dans toutes leurs pensées, ce qui vaut mieux que la vilenie d'amasser sordidement du bien.

Tout à coup, Etienne, se réveillant, dit tout bas à Marcel :

— Est-ce que tu n'as pas faim, toi ?

— Au fait, si, dit Marcel en s'étirant avec volupté.

— Mais où trouver de quoi manger à cette heure ? D'autant que nous ne saurions ouvrir la porte de la chambre sans réveiller ces maudits vieux.

Ainsi parle-t-on invariablement, à la campagne, des personnes âgées, avec un adjectif déplaisant. Ce manque de convenance est dû à l'impérieux désir d'hériter qui est une des noblesses originelles du paysan français. Rien n'égale son impatience de voir mourir les personnes qui lui doivent laisser quelque bien. Il ne les empoisonne pas toujours ; mais avec quel soulagement de sa belle âme il les voit disparaître ! On n'aime pas, aux champs, les bouches inutiles. Dans leur suave famille, M. et Mme Thomas passaient pour deux êtres indiscrets et indélicats qui prolongeaient méchamment et uniquement pour embêter leur postérité, une existence à laquelle ils étaient seuls à tenir. Des égoïstes, quoi !

— J'ai mis, je crois, dit Marcel, un morceau de galette dans ma poche. Je vais me lever sans bruit et t'en apporterai la moitié.

— Tu es un bon frère, répondit Etienne, bien que je l'eusse volontiers mangé tout entier.

IV

Et Marcel fit ce qu'il avait dit; non sans peine, car il lui avait fallu chercher son vêtement à tâtons. La nuit était sans lune et les croisées de la pièce ne filtraient que « l'obscure clarté qui tombe des étoiles », comme dit un vers justement célèbre. Marcel parvint cependant jusqu'à sa poche et y trouva le fragment de nourriture qu'il avait si délicatement soustrait à la fin du souper. L'idée gracieuse lui vint tout de suite de faire les parts lui-même afin de s'adjuger la plus grosse sans que son frère pût réclamer. Pour plus de sûreté, il mangea son lot, incontinent, debout et sur place pour qu'Etienne ne pût faire la comparaison. Cela lui prit un temps durant lequel il perdit la notion juste des places relatives qu'occupaient les deux lits dans la chambre, si bien qu'il s'en alla droit vers celui des vieux, en croyant aller regagner sa couche où l'attendait son frère.

Or, Mme Thomas, qui occupait le devant du matelas conjugal, tournait le dos aux croisées et la chaleur nocturne aussi bien que l'épaisseur de l'ombre, ayant vaincu sa pudeur naturelle, elle avait fait sortir des draps le contraire de sa figure, j'entends la face à laquelle son jupon servait de bonnet durant le jour. Que les dieux immortels vous gardent de cette image et de ce derrière ridé!

Et elle rêvait toujours, durant que son mari ronflait à la tierce.

Elle rêvait que le jeune page lui disait: Fuyons vers des rives lointaines et des bords fortunés où nous nous aimerons toujours!

Et elle ne demandait pas mieux que de fuir. Mais, ô fatalité fréquente dans nos rêves! Un obstacle stupide venait briser leur dessein. Le vent était absolument tombé; la voile pendait inerte et plate, au mât; la barque, immobile, refusait de les emporter. Tout! tout! pour un souffle de bise! Tout! pour un soupçon de zéphir!

Mme Thomas eut une inspiration soudaine. Elle interrogea ses flancs, comme les augures grecs interrogeaient l'horizon devant Troie. Là gisait, blotti dans quelque coin de ses entrailles, le petit aquilon qui les allait délivrer et pousser vers la Terre promise! Sans hésiter, elle lui donna généreusement la liberté.

Or, à ce moment précis, Marcel, croyant tendre la galette à la bouche de son frère, l'approchait de la porte souterraine par où s'envolait le captif de Mme Thomas, mais là, de si près, que le vent tiède lui vint caresser le bout des doigts.

— Imbécile ! se contenta-t-il de dire. Ce n'est pas la peine de souffler, puisqu'elle est froide depuis longtemps.

Je vous le répète, mes bons messieurs du théâtre : mettez cela en scène !

ARCADES AMBO

ARCADES AMBO

I

Personne, — j'entends parmi les gens sensés, les seuls pour qui je veuille écrire, — ne doute qu'avant vingt ans messieurs les académiciens, comme messieurs les députés, seront les élus du suffrage universel. Ce sera la dernière et la plus noble conquête de l'idée glorieuse de Ledru-Rollin. Étant donnés les progrès accomplis par l'instruction publique, grâce à un ministre dont les hommes d'opposition eux-mêmes admirent le goût éclairé pour les lettres, il est certain qu'en ce temps-là le peuple sera merveilleusement apte à donner son avis sur la poésie, le roman et le théâtre. Ce sera une amplification sublime de l'étroite conception du cardinal de Richelieu. M. Legouvé me disait, un jour, avec une fierté douce : « Le propre de l'Académie, c'est d être, avant tout, un salon. » Dieu merci, l'Académie n'aura plus rien de propre et ce ne sera plus à un salon qu'elle fera penser, mais à une halle. Tiens! Pour érudit que soit devenu Boireau, par l'usage des bataillons scolastiques, on ne lui saurait demander les mêmes préjugés en littérature qu'à un Montmorency. Le discours écœurant et hypocrite qui est dans la tradition actuelle sera remplacé par un bel et bon engueulement. Est-ce que vous regretterez ces fadeurs empoisonnées qu'échangent les élus d'une minorité dont le temps aura enfin vaincu les privilèges? Moi pas. Je suis pour la franchise militaire. On se dira ses vérités en langue verte (quoi de plus naturel chez des hommes qui portent un habit vert?) et tout le monde s'amusera comme si on était chez Mme Angot. Mais nous n'en sommes pas encore à cette période glorieuse de l'institution des Quarante; et, au moment où se passe cette histoire, sévit encore la méthode surannée des trente-neuf visites auxquelles mon cher et benoit maître Théodore de Banville préfère les ombrages de son Tibur nivernais, où j'aurais tant aimé l'aller rejoindre, au bord de la claire rivière qui, pour lui, murmure des rimes d'argent. Car il n'est de joie et d'orgueil au monde que l'amitié d'un grand poëte dans un paysage souriant et tout plein de sa pensée ! Je suis sûr que, là-bas, le moindre souffle qui passe dans les feuillages y rythme d'ingénieuses et sonores cadences. Car ce n'est pas une fable que le pouvoir divin d'Orphée sur l'obscur entendement des choses, et ce que nous prêtons d'âme à la Nature ne lui vient vraiment que de nous.

II

Donc, au temps académique barbare où nous sommes, Alcide Ménichon et Horace Poulet nourrissaient, sans se l'avouer d'ailleurs l'un à l'autre, le secret désir d'un fauteuil garanti par M. Pingard, grand conservateur des hypothèques de l'Institut. Pourquoi ce mystère entre deux amis d'enfance qui ne s'étaient jamais quittés dans la vie ? D'abord l'instinct de la rivalité sans doute. Car nous procédons bien plus par instincts que nous ne l'imaginons, et nous avons grand tort de vouloir laisser aux animaux seuls cette forme inconsciente et vraiment divine du sentiment. Oui, divine, messieurs les contempteurs des bêtes ! J'ai le tort de préférer le simple instinct de la maternité, chez la lionne et chez la poule, à la pensée raffinée qui mène quelquefois en cour d'assises — pour y être acquittées d'ailleurs — les élèves de la Marguerite de *Faust*, que vous ne confondrez pas, s'il vous plaît, avec la Marguerite des Marguerites. Oui, Alcide Ménichon pressentait peut-être les intentions dissimulées d'Horace Poulet et celui-ci avait l'appréhension vague des ambitions d'Alcide Ménichon. Mais on eût pu trouver une autre raison encore à leur discrétion mutuelle et intéressée. C'est que, comme les deux augures, ils auraient difficilement pu se regarder sans rire. Leurs deux bagages littéraires se valaient et valaient d'ailleurs celui de beaucoup de nos immortels. En dehors d'un roman fantaisiste de sa jeunesse ayant pour titre : *Histoire d'une dent creuse ou la Mie de pain justifiée*, Ménichon n'avait pas beaucoup fait gémir les presses et Poulet n'était connu que des rares lecteurs d'une Revue ayant tous les défauts de celle des Deux-Mondes, sans en avoir le papier saumon. Tous deux avaient d'ailleurs de quoi compenser cette insuffisance de titres : une excellente tenue dans le monde, la saine horreur de la Bohême reniée à temps, de belles relations, le courage de l'ennui, l'amour sacré du médiocre, mais — surtout et avant tout — deux femmes charmantes et remuantes en diable. (Prenez, je vous prie, le mot dans sa plus noble acception.) On disait de Mme Ménichon : « Elle fait des hommes tout ce qu'elle veut ! » et Mme Poulet était publiquement surnommée : « l'Irrésistible ». Vertueuses, au moins, toutes deux, compagnons ; d'une incontestable vertu ! Ah ! vous vous imaginiez que c'était en... ? Rentrez vite ces vilaines idées au plus profond de votre méchant esprit. Ces deux dames appartenaient à la catégorie des femmes dites honnêtes parce que, par opposition aux hommes décorés du même vocable, elles promettent toujours et ne tiennent jamais. C'est ce qui en ferait d'excellents directeurs de théâtre.

III

Dissemblables, mais également gracieuses. Et puis, n'en faut-il pas pour tous les goûts? Aux amateurs de la beauté blonde et abondante, des Rubens faits chair, je recommanderai sans hésiter Mme Ménichon, bénie du seigneur entre toutes les femmes. Car le ciel lui avait accordé la plus large place du Trône (ainsi nommerons-nous, si vous y consentez et par décence, ce que les dames posent sur ce royal et soulageant fauteuil) qu'on eût vue jamais. Vous avez remarqué, comme moi, combien il est malaisé de parler congrûment de cette magnifique chose. Un de mes amis, faisant allusion au rôle qu'elle joue dans la stabilité de l'équilibre féminin, avait coutume de l'appeler : « le poids de senteur ». Fi, le drôle! Fi, la malséante image! Mme Poulet, que je signale aux admirateurs de la beauté brune, avait les apparences mignonnes, au contraire. Mais la sournoise créature que c'était! Quelles formes rondelettes, fermes et savoureuses elle cachait sous le mensonge élégant de ses toilettes! Ah ! cette canaille de Poulet avait eu de jolies surprises au seuil du lit conjugal, si tant est qu'on puisse nommer « seuil » le tapis sur lequel frissonnent les pieds blancs de la jeune épousée, à l'heure où les fleurs d'oranger commencent à neiger sur ses épaules ! Moi, j'aurais tenu pour Mme Poulet, en principe ; mais, faute de cette grive merveilleuse, je me serais fort bien contenté, à titre de merle, de Mme Ménichon. L'une et l'autre avaient leurs adorateurs, mais respectueux, vous ai-je dit, et ridiculement platoniques. Car ni Ménichon ni Poulet n'était cocu, ce qui est un bien grand scandale. Mais patience ! Ménélas lui-même ne le fut pas du premier coup, et je dirais volontiers que « le cocuage », suivant la classique expression de Rabelais, est comme un vin précieux qui gagne en bouteille et n'est bu trop vite que par les impatients qui en ignorent toujours la souveraine saveur. Aussi le comparerai-je à ces bons mirotons de la cuisine campagnarde qui doivent la perfection de leur fumet et de leur goût à ce qu'ils ont mijoté longtemps. Et la Nature est là pour nous instruire, comme en toutes choses, et voyons-nous les jeunes faons ne porter au front que deux bosses fort légères, presque invisibles, où gît néanmoins le rudiment des bois paternels.

IV

Un jour, Alcide Ménichon dit à sa femme :

— M. Lefriand du Troujoly est mort.

— Qui ça, M. Lefriand du Troujoly ?

— Un académicien, parbleu ! un linguiste des

plus distingués. On m'a dit que cet animal de Poulet commençait des démarches. Surveille-le, je t'en supplie, et tâche de lui tirer les vers du nez.

— Compris, mon Alcide. Je ne le quitte plus.

Presque en même temps, Mme Horace Poulet, encore au lit, entendait tomber ces mots de la bouche auguste de son mari :

— Il y a une place vacante à l'Institut. J'ai ouï conter que cette bourrique de Ménichon tâtait le terrain.

— Ce n'est pas une raison, mon ami, pour me pétrir les seins de cette indécente façon.

— J'aime à figurer, avec mes doigts, la pensée que j'exprime. Ménichon tâte le terrain, j'en suis sûr.

— Mon ami, plus bas, c'est encore plus désagréable! Changez d'image, je vous en prie.

— Il intrigue, il louvoye : il flaire d'où vient le vent.

— Est-ce que vous allez me renifler là, maintenant! A bas le nez, gros indiscret!

— En un mot, Ménichon caresse la croupe de sa chimère.

— Allez-vous laisser la mienne tranquille?

— Ecoute-moi, Sydonie ; il faut que, profitant de notre intimité, tu t'attaches à ses pas et me renseignes exactement sur ses faits et gestes. J'occuperai sa femme pendant ce temps-là. Je la mènerai dans les musées. Obtiens, si tu le peux, ses confidences. Sinon, épie et ne laisse rien échapper...

— Ah! voilà encore une façon de parler que je n'aime pas beaucoup dans votre bouche.

— Excuse-moi, c'est ce satané goût pour la mimique qui me vient de mon origine provençale. Car là-bas nous parlons autant avec les gestes qu'avec la voix. Tu as bien saisi, n'est-ce pas?

— A merveille! Je deviens son ombre, son spectre de Banco.

Et Poulet fut si content qu'il compléta, sans dire un seul mot, la pensée qu'il avait ébauchée. Il avait raison. La mimique, mes enfants, la mimique! En amour, il n'y a que ça!

V

L'accord fut parfait entre les deux ménages. Ménichon ne quittait plus Mme Poulet et Poulet ne faisait plus un pas sans Mme Ménichon. Ménichon n'était ni plus beau ni plus séduisant que Poulet, ni Poulet plus beau et plus séduisant que Ménichon. Mais pour Mme Ménichon, Poulet était autre chose que Ménichon et, pour Mme Poulet, Ménichon était autre chose que Poulet. Ne cherchons pas plus loin le secret de l'infidélité des femmes: un secret besoin de changement. Combien aussi n'attendaient pour succomber que l'occasion facile! Elles sont innombrables les femmes dont la vertu n'est qu'une forme de la paresse et qui acceptent un bonheur vers lequel elles n'auraient pas fait un pas. Oh! les chères et nonchalantes créatures! Jeune homme qui te crois aimé pour tes qualités, dis-toi que la seule et la plus certaine est de t'être trouvé sur le chemin de l'adorée. Vous avez deviné, n'est-ce pas? Au lieu de surveiller le rival académique de son mari, chacune de ces dames en fit son amant. C'était un emploi du temps infiniment moins désagréable. Le métier d'amoureux vaut mille fois celui de mouchard. Ce fut d'ailleurs un lien nouveau entre ces deux couples élus. Et voyez comme le ciel est fécond en artifices agréables quand il se met à bénir des familles. La nomination de Poulet à l'exclusion de Ménichon ou de Ménichon au préjudice de Poulet eût pu rompre ces douces chaînes. Dieu rappela à lui juste à temps un second immortel, M. Legaland du Minet, un autre linguiste non moins distingué que l'autre. Ça fit juste les deux places qu'il fallait à la félicité commune. Le jour de leur double élection, Ménichon et Poulet s'embrassèrent comme du pain, et leurs femmes les entendirent répéter avec un indicible accent de joyeuse tendresse :

— Mon ami! mon ami! nous le sommes tous les deux!

LA DAME AU GRAND CŒUR

LA DAME AU GRAND CŒUR

I

Et vous plaidez contre votre femme, Cabirol?

— Faitement! répondit Cabirol avec un accent marseillais énergique.

— Vous ne pensez pas, mon cher, à l'étonnement

que va causer ce procès parmi vos amis, voire parmi vos simples connaissances. Vous étiez bien, de vous à moi, le mari le plus bruyant qui fût au monde des vertus de sa femme. Vous ne tarissiez pas en louanges sur ses admirables qualités. Vous étiez même indiscret quelquefois, Cabirol, et gênant pour les célibataires. Il n'est pas prudent de tambouriner ainsi son bonheur sur les places publiques. C'est dire à tout le monde : Regardez, je n'ai pas de cornes...

— Faitement!...

— Vous complétez à merveille ma pensée. Je n'aurais jamais osé vous proposer cela. D'autant que votre femme eût été plus excusable qu'une autre de vous tromper, puisque vous ne lui aviez pas fait d'enfants.

— Faitement!...

— Mon ami, ce n'est pas mon affaire. Je vous répète qu'à votre place et quels que soient les torts de Mme Cabirol, j'hésiterais beaucoup à provoquer un scandale. Eh quoi! diront les méchantes gens (et il y en a même à Marseille), voilà le trésor dont il était si ridiculement entiché! Cette perfection morale et physique, la voilà! Cette tant honnête personne qui n'aimait que Dieu, les pauvres et son époux n'était qu'une!..... Ah! tenez, Cabirol, faites-moi l'amitié d'arrêter au plus tôt cette procédure dont le moindre danger est de vous faire passer pour un jobard. Il est permis à quiconque de changer de convictions, et les hommes politiques n'y manquent pas. Mais ceux qui ont quelque pudeur ne foulent pas aux pieds l'idole tombée du piédestal. Ainsi doivent faire les maris trop longtemps triomphants. Si vous avez été inutilement violent vis-à-vis de votre épouse, faites-lui en comprendre dignement votre regret. Si vous avez été un peu vif avec son complice, dites-lui : Monsieur, il m'est malaisé de vous faire des excuses.

— Faitement!...

— Dame! s'il était d'assez bonne pâte, cela arrangerait tout.

Cabirol me regarda de côté, avec un petit œil noir méprisant qui brillait comme un petit morceau de houille. Puis, il haussa vivement l'épaule droite, en mettant ses mains dans ses poches.

— Tenez! me dit-il, voilà ce que vous me faites!

Et il eut un rire affreusement gouailleur, qui découvrit ses dents de fumeur, jaunes comme un vieil ivoire.

II

— On voit bien que vous ne savez pas, me dit-il un instant après, que vous ne savez pas comment les choses se sont passées.

— Je n'y ai pas assisté, en effet.

— Je le regrette pour vous.

— Vous êtes bien bon, Cabirol.

— Chaque jour, mon admiration pour ma femme grandissait et je me prenais à me dire souvent : Ah!

Cabirol, c'est un ange que Dieu a mis sous ton pauvre toit! Elle était dehors dès le petit matin, pour les bonnes œuvres qui semblaient remplir sa vie. Et jamais elle ne partait les mains vides, la pauvre! C'était toujours ou mon plus beau fruit qu'elle emportait pour un enfant malade, ou ma meilleure bouteille de vin pour quelque vieillard affaibli. Ça m'embêtait bien un peu ; mais j'étais touché tout de même de cette sollicitude pour tous les souffrants. Elle pratiquait d'ailleurs la charité d'une façon si simple qu'on osait lui parler à peine de ses mérites, même pour les louer. Et puis, le ciel nous ayant refusé une postérité personnelle, je concevais qu'elle eût besoin d'épancher au dehors son incurable besoin d'affection et de sacrifice. Enfin, elle n'était presque jamais là.

— Mais vous, Cabirol, que faisiez-vous pendant ces continuelles absences?

— Vous le savez, mon cher. J'allais de café en café répéter à tout le monde : Ma femme est une femme comme il n'y en a pas. Imaginez-vous que je me faisais un scrupule de la tromper et que je me traitais de canaille chaque fois que cela m'arrivait. Je faillis même tomber, un jour, en me voulant donner à moi-même un coup de pied au derrière.

— Il fallait m'appeler.

— Oh! ma colère eût été passée avant votre arrivée. Je suis très vif mais très bon pour moi. Je crois même que c'est en voulant arrêter trop tôt mon premier mouvement que je fis un faux pas. Les choses étaient comme je vous le dis quand nous allâmes rue Cantegril, dans la maison où je suis encore. Là les habitudes de ma femme changèrent subitement; elle cessa tout à coup de sortir.

— Vous en avez dû être enchanté.

— Oh! elle n'était pas pour cela davantage avec moi! Elle voisinait beaucoup.

— Alors c'est un voisin qui vous a fait...?

— Faitement!

— Non' cocu!

Cabirol hocha doucement la tête, non pas comme un homme qui voudrait secouer de son front une importune parure, mais comme un savant pensant à propos de moi : cet imbécile ne comprendra jamais le marseillais!

III

Et il reprit tout de même, car c'est un enragé bavard que Cabirol :

Ma femme me disait souvent : « Il y a, dans cette maison, une jeune dame vraiment intéressante et dont je veux être l'amie, bien que, et peut-être parce que sa situation est aussi irrégulière que tragique. Adorée d'un lieutenant de dragons sans fortune, elle a cédé à l'amour de ce jeune homme, bien qu'ayant un mari tout à fait digne d'estime, très bête mais absolument bon. Vous ne l'en blâmez pas, mon ami? » — « Qui? le mari? lui demandai-je innocemment. Mais ce n'est pas sa faute. » — « Il s'agit bien du mari. Il n'est pas intéressant du tout, cet égoïste! Mais la pauvre jeune dame? » — « Hou! hou! » Ma femme me regarda d'un air suppliant, et vous allez voir ma faiblesse! Elle m'embobina si bien qu'elle finit par me faire proclamer qu'une femme a toujours raison de tromper son époux avec un lieutenant sans fortune! Alors elle se mit à rire comme une folle. — « Enfant! lui dis je en la baisant au front, que tu es enfant! » Quand j'aurais mieux fait de m'écrier : « Quel toupet! »

Cabirol resta un instant pensif et poursuivit ensuite :

— Tout naturellement je lui demandai de me permettre de l'accompagner chez cette amie à qui elle consacrait tant de temps et dont nous séparaient seulement deux étages. Mais elle protesta vivement : — « Y pensez-vous! Une personne dans cette position délicate! Mais votre vue la ferait mourir de honte, si elle pouvait supposer que je vous ai livré son secret! Ah! si vous saviez comme elle est timide et tremblante! Et puis, je ne vous ai pas tout dit : elle est enceinte de beaucoup de mois. » Je compris alors la résistance de Mme Cabirol à ma curiosité et fus moins étonné de n'avoir jamais rencontré, dans les allées et venues de la maison, cette mystérieuse voisine. Beaucoup de femmes n'aiment pas à se montrer précédées d'une mappemonde. C'est une pudeur géographique dont le sens plastique est respectable. Mais voyez les bizarreries de la nature humaine. Mme Cabirol ne m'ayant pas donné d'enfant, les côtés mystérieux de la maternité m'intéressaient prodigieusement. J'aurais volontiers soudoyé un accoucheur pour assister au drame toujours émouvant de la naissance. Quand je disais cela à ma femme, elle se moquait de moi! Elle m'appelait : gros éhonté! Mon ignorance me tourmentait cependant et je me sentais rongé d'un incurable désir de m'instruire. J'achetais de coûteux livres de médecine avec des planches coloriées — « Vous voilà encore avec vos cochonneries ! » me disait Mme Cabirol en me le jetant au nez toutes les fois qu'elle me pinçait avec un de ces volumes à la main. Un jour, elle me dit fiévreusement : « Ce sera pour cette nuit! »

IV

Je prévis bien que ma femme la passerait tout entière auprès de la malade, cette nuit-là, et j'en étais horriblement contrarié. C'était jour de fête nationale, et j'aurais voulu emmener Mme Cabirol voir les illuminations. Songez donc! Tout était en liesse, jusqu'à la garnison qui avait son permis de vingt-quatre heures. J'insistai auprès de ma femme, mais en vain. Elle me parla de son devoir avec une grande élévation dans les pensées. Elle n'en démordrait pas! Dès neuf heures du soir, elle serait au chevet de son amie et ne la quitterait plus que délivrée... Je résolus de me coucher de bonne heure et de tâcher de dormir. Mais le vacarme populaire ne me le permit pas. C'était le bombardement de Tanger en miniature. Ces brouhahas ont je ne sais quoi d'énervant et je me pris à regretter beaucoup que Mme Cabirol ne fût pas auprès de moi dans mon lit. Et puis ma marotte me revenait à l'esprit. A deux pas de moi se jouait la pièce que j'avais tant souhaité voir representer! C'est alors qu'une idée infernale me vint à l'esprit. Il y avait un balcon à l'appartement de la voisine et les ouvriers avaient laissé une échelle de corde qui pendait jusqu'à ma fenêtre. Je pouvais escalader traîtreusement, me glisser sur ledit balcon et voir peut-être quelque chose sans être vu. Avec une adresse de chimpanzé, je mis à exécution ce fantastique projet. J'atteignis la rampe fleurie du promontoire de pierre. La chaleur était grande, une fenêtre était ouverte d'où s'exhalaient des plaintes très douces. — Allons! pensai-je, elle ne souffre pas trop! Une lueur mourait dans la chambre. Ma foi, tant pis,.. je verrais tout!... Ah! sacrédieu. Ce que je vis! Un uniforme de lieutenant de dragons dans un coin d'abord, rapidement jeté au hasard, et sur le lit !... Mme Cabirol, monsieur, aux bras d'un militaire. Et ma femme lui disait : « Encore une caresse, Amédée! » — « Faitement! m'écriai-je d'une voix de tonnerre qui les fit sauter tous les deux dans les rideaux. Le militaire s'élança vers son pantalon. Mais Mme Cabirol, sur le ton de la plus cynique raillerie et en me regardant dans le blanc des yeux : — Ah! gros curieux, me dit-elle, vous avez voulu savoir comment on fait les enfants? Eh bien, vous devez être satisfait!... » Tant d'audace m'avait cloué au sol. Le lieutenant en profita pour déguerpir, mais j'ai son numéro matricule sur un gant qu'il a oublié : 69, monsieur, 69! Et je plaide, et nous verrons bien!

— On va faire un tas de moqueries de vous, Cabirol.

— Faitement, monsieur, faitement!

Et il me quitta sans retirer ses mains de ses poches.

LES ENNEMIS

LES ENNEMIS

I

Ce n'est pas dans un de ces paysages fleuris que j'adore où l'amour chante dans la course furtive des eaux, dans l'ondulation des roseaux de la rive, dans le feuillage léger qu'effleure le dernier souffle des roses : ce n'est pas dans la forêt aux profondeurs mystérieuses dont les solitudes m'attirent aux pieds de quelque Vénus de marbre brisée ou rongée par le temps ; ce n'est pas, non plus, au bord de l'Océan déchaîné hurlant, jusqu'aux confins de la terre, le désespoir d'invisibles damnés que je vous mène aujourd'hui. C'est devant un décor qui n'est ni charmant ni terrible que se passe cette nouvelle comédie, devant un décor très piteux, ma foi, bourgeois et mélancolique tout ensemble. Imaginez des murs blancs que percent des fenêtres odieusement régulières, des murs se reliant quadrangulairement et enfermant une large cour très nue, avec quelques platanes seulement tout gris de poussière. Aux fenêtres de petits rideaux d'un blanc jaune, tous pareils ; entre les platanes des bancs avec des gens dessus, ridiculement accoutrés de robes de chambre et coiffés de bonnets de coton. — Eh ! morbleu ! mais nous sommes à l'hôpital ! — Vous l'avez deviné, mes compagnons, et à l'hôpital aggravé par toutes les sécheresses administratives de la laïcisation. Plus de béguines, celles-ci jeunes et portant sur leur front pâle, comme les derniers pétales d'un rêve effeuillé, celles-là vieilles et comme penchées sous le souffle des derniers soupirs exhalés dans une prière ; plus de béguines avec leurs belles coiffures ailées et blanches, telles que les a peintes mon ami Amand Gautier dans maint tableau célèbre ; plus de béguines poussant du genou, dans leur marche lente, le long de la robe de bure aux plis sculpturaux, le gazouillement mystique des grains de chapelet ; plus de béguines traînant dans les géhennes de la douleur, je ne sais quel vague ressouvenir d'espérance et d'infini, le charme passif des derniers cultes abolis et l'odeur lointaine des encens. A leur place, de petites dames dont je ne veux pas médire, ne fût-ce que par prudence. Car il ne faut jamais plaisanter rien de ce qui touche, de près ou de loin, à la médecine, et j'ai connu un professeur de la Faculté de Montpellier, à jamais illustrée par Rabelais, qui soutenait que Molière ne serait pas encore mort, s'il ne s'était pas tant moqué de M. Purgon. Je le voudrais sincèrement pour Claretie. Je reviens aux servantes civiles des malades contemporains. Sans rien insinuer de malveillant à leur égard, on peut constater qu'elles n'ont pas la poésie, faite d'abnégation et de sacrifice, de leurs devancières. Je les appelle civiles par opposition aux autres qui appartenaient, comme les poètes et un tas d'autres gens sans aveu, à l'armée sublime, mais conspuée des foules, de l'Idéal.

Il y a cependant quelque amour dans mon histoire et il est temps que je vous présente Mme Thomas, une de ces sœurs laïques chères aux municipalités progressives. Eh bien, Mme Thomas était une personne de quarante ans, ayant encore de la beauté, bien élevée, douce, faisant ses cataplasmes avec science et conscience. Vous voyez qu'on n'est pas plus impartial que moi. J'ajouterai que, comme elle était veuve, il n'y avait pas à lui demander compte des anciennes virginités.

II

Je ne sais plus, mais je crois bien que c'est mon confrère et ami Paul Courty qui a écrit cette impertinence : « la femme est une maladie de l'homme ».

C'est plus concis et plus profond que galant. Il est certain qu'à un point de vue restreint, la femme n'est pas toujours un élément de conciliation dans l'humanité, même quand elle s'appelle Hélène et entraîne la chute d'Ilion. La belle Mme Thomas n'échappait pas à la fatalité commune. Comme à toute autre, le funeste pouvoir de déposer dans les viriles poitrines des ferments de haine, lui avait été dévolu. L'interne Labégasse, de Carcassonne, s'il vous plaît, et l'économe Mouilledou en savaient bien quelque chose. Il était impossible de se détester plus cordialement que ces deux gaillards-là, et cela, après avoir été longtemps les meilleurs amis du monde. Mais tous deux étaient devenus, en même temps, amoureux de la tentante infirmière, et, subitement, ils s'étaient découvert l'un à l'autre, les plus épouvantables défauts. Labégasse trouvait Mouilledou insupportable de solennité bête et de prétention, en quoi il n'avait pas tort absolument ; et Mouilledou déclarait à qui voulait l'entendre que jamais il n'avait rencontré dans la vie, un homme aussi parfaitement mal élevé que Labégasse, ce qui pouvait bien être exact d'ailleurs. Sournoisement, subtilement, avec l'adresse d'une chatte qui traverse, sur un meuble, un microcosme de bibelots fragiles, de poteries élégantes et de verreries précieuses sans rien casser, Mme Thomas circulait entre ces deux amours, les flattant tous les deux, les desespérant à tour de rôle, s'amusant beaucoup de toutes ces tortures. Mais y avait-il un préféré, au moins? m'allez-vous demander. J'ai résolu de ne pas vous répondre en ce qui touche à la vertu de Mme Thomas. Et puis, qu'est-ce que vous voulez que ça me fasse? Je vous jouerais le bonheur de Mouilledou contre la félicité de Labégasse sans la moindre émotion. Je ne suis curieux en amour que de mes propres joies et je vous jure que je n'en dois aucune à cette respectable dame. Tous deux étaient horriblement jaloux et c'est tout ce qu'il fallait à cette bonne créature, comme c'est tout ce qu'il me faut, à moi, pour mon récit. Mouilledou, qui était très entêté, ne manquait jamais d'appeler : « Monsieur de Labégasse » l'interne qui avait de grandes prétentions à la roture, et Labégasse, qui était très taquin, ne passait jamais auprès de l'économe sans lui faire aux oreilles un de ces bruits malséants que la Providence a parfumés, afin que les pauvres sourds y puissent trouver aussi quelque plaisir. Ah! vous savez, dans le Midi, c'est une plaisanterie classique. C'est une réponse aux Occidentaux qui n'aiment pas l'odeur de l'ail.

A cela se bornait tout entretien entre ces deux hommes.

Un jour cependant, Labégasse fut si scandaleusement tonitruant que Mouilledou, d'ordinaire pacifique, s'exaspéra et vint lui dire, le poing sous le nez :

— Vous savez, monsieur de Labégasse, si j'entends jamais quelque chose de semblable, je vous tue comme un chien d'un coup de pied.

— Je parie bien que non! répondit l'interne en gouaillant, ce que je désapprouve tout à fait. Ce sont là, en effet, des manifestations de la pensée auxquelles il faut laisser leur dignité froide et leur ironique majesté.

III

Quinze jours après peut-être, et sans nouvel échange d'idées, — car tous deux évitaient de parler à moins de vingt mètres l'un de l'autre, — Mme Thomas en riait comme une bossue qu'elle était, mais une bossue aux rotondités aimables, jumelles et savoureuses, fermement assises sur l'estomac. Mais que je suis sot ! J'ai oublié de vous dire qu'un téléphone reliait les deux extrémités lointaines de l'hôpital et que l'économat était à une de ces celles-ci. M. Mailledou était en train de composer un acrostiche pour Mme Thomas, quand la trépidation du timbre l'arracha à cette innocente occupation. Il courut à l'appareil. Mais à peine eut-il jeté dans l'espace le classique *Allo!* qu'il devint pourpre.

— Monsieur de Labégasse, répondit-il, — et son haleine furieuse mouillait la plaque, — je vous invite à me fiche la paix. Si c'est pour affaire de service, bon ! Mais autrement.

— Pour affaire de service, répliqua une voix pleine de crépitations aqueuses.

M. Mouilledou écouta et sa physionomie passa par les plus curieux états, ses dispositions s'adoucissant visiblement. Voilà ce que lui téléphonait, en effet, le pauvre Labégasse :

— Me remplacer immédiatement, car je vais mourir.

— Oh ! pensa M. Mouilledou.

— Reçu affreuses nouvelles. Père déshonoré. Sœur violée. Décidé au suicide. Ai pistolet chargé à la main, mais ne veux pas m'en aller de ce monde avec remords dans l'âme. Ai eu des torts envers vous et vous demande pardon.

— Pas mauvais, au fond, continua à penser Mouilledou.

— Attends pardon pour poser doigt sur gâchette.

— Sapristi ! Mais c'est affreux !

Et M. Mouilledou, à son tour :

— Attendez, malheureux, attendez ! Mais vous ne savez donc pas que le suicide est un crime abominable ! D'abord, c'est une lâcheté ! C'est pour ça que les poltrons ne se tuent jamais, parce qu'ils ont peur de passer pour des lâches. Un soldat n'abandonne pas son poste Labégasse, mon doux Labégasse, renoncez à cette horrible résolution ! Vous quitterez le nom de votre père, qui n'est pas déjà si joli, et vous marierez votre sœur à quelque jobard qui n'y verra rien. Vous voyez bien que tout peut se réparer. Mais ces choses-là arrivent à tout le monde ! Retirez votre doigt de la gâchette, mon ami ! Jetez bien loin cet affreux pistolet qu'il me semble voir. Vous tuer, Labégasse ! Jeune, plein d avenir, en possession d'un diplôme qui vous permet de tuer tous les gens que vous voudrez ! C'est stupide de vous choisir vous-même ! Mais un médecin qui se détruit est cent fois plus coupable qu'un autre. Il avait l'humanité tout entière pour satisfaire son homicide fantaisie. C'est de la perversité naturelle ! Une horrible dépravation...

Et l'infortuné Mouilledou qui était, au fond, une

excellente pâte d'homme, se débattait haletant et désespéré, arrosant l'appareil des sueurs désordonnées que l'angoisse lui poussait au front. Lui aussi, sentait un mystérieux remords l'envahir. Lui aussi, avait besoin d'un pardon ! Si Labégasse allait partir de ce monde sans l'avoir absous ! Une vieillesse misérable, hantée de fantômes, se dressait devant lui ; il distinguait nettement un jeune spectre au front troué et sanglant. Ah ! tant pis ! si Labégasse mettait à exécution son terrible projet, il ne lui survivrait pas d'une minute. Et Mouilledou sauta sur son revolver, l'approcha de sa tempe et attendit.

. . . .

A l'autre extrémité de l'appareil téléphonique, les choses se passaient moins gravement. Monté sur une chaise et légèrement accroupi au-dessus de la plaque, l'infâme Labégasse semblait attendre impatiemment l'inspiration, avec un gros rire sur la face.

Tout à coup Mouilledou entendit : Pan! Pan!

Il pressa la détente et certainement fût tombé foudroyé si le revolver eût été chargé.

— Tue-moi donc comme un chien d'un coup de pied! lui cria la voix railleuse de l'interne.

Mouilledou est tellement humilié qu'il a demandé au directeur de l'Assistance publique à changer d'hôpital.

Et la belle Mme Thomas? Il lui faudra bien se contenter de Labégasse, mais je la plains. Ne me parlez pas des gens grossiers qui se complaisent à cette musique de chambre!

Quittons vite ce sombre lieu pour de plus riantes contrées. Je sais un coin charmant, madame, où l'amour chante dans la course furtive des eaux, dans l'ondulation des roseaux de la rive, dans le feuillage léger qu'effleure le dernier souffle des roses.

FATALITÉ

FATALITÉ

I

Et, sous un clair rayon de lune qui mettait à son joyeux visage un masque d'argent, Jacques nous dit :

— Plus je vais et moins je crois que nos actions aient pour mobile efficace notre volonté ; plus je m'imagine que nous sommes les jouets d'un mystérieux pouvoir et que nous vivons enfermés dans un cercle d'événements nécessaires d'où, comme les damnés du Dante, nous tenterions en vain de sortir.

— Mais, malheureux, m'écriai-je, tu supprimes le libre arbitre !

— Oh ! que non pas ! me répondit-il tranquillement. Nous nous évertuons avec constance ; nous faisons acte de conscience à toute heure en protestant contre ce joug occulte ; nous voulons très nettement ceci ou cela ; et si quelque dieu nous contemple de la cime fleurie d'écume céleste d'un nuage, il nous rend la justice, sans doute, que méritent nos efforts et nous juge suivant nos impuissants désirs. Mais la Fatalité est là, et Valentin, dans *Faust*, a raison : Il n'arrive jamais que ce qui doit arriver. Théophile Gautier avait, à ce sujet, une formule plus désespérante encore, car elle concluait à l'indifférence la plus absolue à toutes les choses de la vie. Dieu merci, je n'en suis pas là. Je constate simplement que nous sommes vis-à-vis d'une destinée implacable comme les prisonniers d'un roi anthropophage. Nous serons certainement dévorés. Seulement on nous donne quelquefois le choix de la sauce à laquelle nous serons mangés. C'est à cette politesse que nous devons d'exercer le libre arbitre dont nous aurions tort d'être démesurément jaloux. Veux-tu un exemple ? Voilà dix ans que je me jure de ne plus avoir de maîtresses. On est encore plus la dupe des fausses vertus de ses bonnes amies que la victime de leurs réels défauts. C'est un métier charmant que celui d'aimer, le seul au monde, mais un métier d'imbécile. Dès que je réfléchis, je me révolte. J'ai toujours voulu sérieusement en finir avec les passagères relations où j'ai consumé ma jeunesse. Eh bien, je n'ai jamais quitté une maîtresse que pour en prendre immédiatement une autre. Il est écrit quelque part que je mourrai concubin. La vérité voudra qu'on me grave cette unique profession sur le marbre de ma tombe, ce qui me fera regarder d'un très mauvais œil par tous les morts honnêtes que pleurent de réelles épouses et d'authentiques enfants. Tandis que ceux-là dormiront fastueusement sous les couronnes familiales, je n'aurai, moi, pour me distraire, sous ma pierre abandonnée, que l'écho des éclats de rire de ces demoiselles en train de tromper mes mânes avec des godelureaux. Concubin! concubin! me hurleront méchamment les vents du soir. Je ne désire vivre vieux que pour retarder le plus possible cette posthume humiliation.

— Moi, c'est autre chose, nous dit lentement et avec son bel accent flegmatique notre ami Daniel Ouweston, un jeune Anglais que nous aimons pour la douceur de ses mœurs et le calme de ses habitudes. Ecoutez ma dernière aventure plutôt.

II

Et notre ami Daniel Ouweston poursuivit, sans plus long préambule :

— J'ai toujours souhaité passionnément de me marier. Je n'ai pas, en effet, je le confesse, la largeur d'idées qui permet à notre cher Jacques d'attendre patiemment le dénouement d'une pièce qu'il répète généralement depuis vingt ans, sans arriver à la représentation définitive. Il a, j'en suis convaincu, la même soif de plaisirs honnêtes et légitimes que moi ; mais il trompe volontiers sa soif et, faute de grives matrimoniales, il grignotte volontiers les merles de l'adultère ou de la vie galante. J'ai le malheur d'être un chaste par destination, comme sont certains immeubles. Le monde de la noce n'est pas le mien. J'ai le préjugé, ridicule peut-être, d'apporter à ma fiancée l. s mêmes virginités que j'attends d'elle...

— Notre ami est tout de même un fameux crétin, murmura Jacques à mon oreille.

Et il reprit tout haut :

— Mon cher Daniel, vous avez dû vous embêter rudement !

— Vous pouvez le croire, continua Ouweston. Il est certainement plus agréable pour un homme de fêter sainte Catin que sainte Catherine. Mais on ne se refait pas. C'est une honnêteté diabolique que j'ai et que je maudis tout le premier. Non ! avec une personne qui ne m'aurait pas été donnée authentiquement en mariage, je sens que je ne pourrais pas...

— Avez-vous essayé ?

— Quelquefois, c'est comme ça que je le sais.

— Aucun tempérament, le pauvre bougre ! me murmura encore Jacques tout bas.

Et reprenant toute sa voix :

— Mon cher Daniel, vous n'avez pas dû vous embêter tout seul ces jours-là.

— J'ai reçu, en effet, quelques sottises. Mais je ne tiens pas à l'estime des personnes que je n'estime pas moi-même. Tout cela est pour vous dire que je voulais en finir absolument une bonne fois, après une douzaine de mariages manqués par les causes les plus saugrenues et toujours à la veille de se conclure, quand je rencontrai dans le monde Mlle Angélique de Bidet-Bayard, dont je devins éperdûment amoureux.

— Je connais la famille, dit Jacques. Les Bidets sont de petite noblesse et peuvent être traités par dessous la jambe ; mais les Bayards descendent vraiment du preux chevalier. Continuez, mon doux Ouweston, je vous en prie.

Mais notre ami Daniel était pris de soudaine mélancolie à ce souvenir, et il ne fallut pas moins d'un grand verre de gin pour le réconforter en la suite de son récit.

III

— Le père de Mlle Angélique, continua-t-il avec émotion, était un original dont les idées ne choquaient d'ailleurs nullement les miennes. Presbytérien comme moi, c'était un homme austère qui avait une horreur profonde pour la jeunesse contemporaine. Quand il parlait des jeunes gens qui ont des maîtresses, c'était avec une indignation et un mépris que je partageais absolument...

— Merci pour moi ! dit Jacques.

— Vous n'êtes plus tout à fait un jeune homme, lui répondit finement Ouweston. Mais je poursuis.

Il se trouva que j'étais à peu près le gendre qu'il avait pu rêver, absolument comme sa fille était l'idéal vivant dont ma pensée solitaire avait entrevu les splendeurs. Une admirable jeune fille au type latin avec une chevelure d'un noir superbe, je ne sais quoi de hautain dans toute sa personne par quoi on était subitement dompté, une grande fierté dans un grand charme. Elle paraissait, de plus, fort bien faite sous ses pudiques vêtements que faisaient craquer çà et là d'aimables et vigoureuses saillies.

— Sapristi ! dit Jacques, si jamais elle tombe dans la débauche, j'en ferais bien mes choux gras.

Mais, tout à la mémoire de la bien-aimée, Daniel n'entendit même pas cette inconvenante réflexion.

— J'étais, poursuivit-il, vaincu, subjugué. Plaisais-je à la fille ? Je n'en sais rien. Mais j'avais certainement fait la conquête du père par la modestie de mes façons, les attentions délicates dont je l'entourais et le respect démesuré que je lui témoignais en toutes choses. Car ce birbe vénérable aimait à être vénéré. Je n'aurais pas parlé plus humblement au saint Sacrement en personne, et il m'en savait visiblement gré. J'avais étudié, dans un vieux livre, le manuel des devoirs féodaux, et je les lui rendais en conscience. Tout semblait donc aller à merveille et les paroles étaient échangées déjà quand un événement survint qui brisa toutes mes espérances et démontra bien le travail obscur d'une fatalité mystérieuse que notre ami Jacques mit tout à l'heure en lumière avec tant de sagacité !

— Ce garçon a tout de même du goût, me dit Jacques tout bas.

IV

— C'était un dimanche, poursuivit Oaweston, entre l'oraison matinale et le prêche. Nous étions dans le parc du château et nous nous livrions aux occupations les plus innocentes. Car tout travail y était défendu. Le noble comte de Bidet-Bayard, mon futur beau-père cherchait des escargots pour le dîner. Car il joignait une grande simplicité de goûts à un sentiment très élevé de son rang dans le monde. Sa sœur, Mlle Cunégonde, coloriait avec infiniment de talent un jeu d'oie. Quant à Mlle Angélique et à ses trois cousines, Mlles Berthe, Claire et Irène, elles avaient entrepris avec moi une grande partie de ballon sur la pelouse. Jamais ma fiancée n'avait été si charmante vraiment. L'exercice avait fait monter à ses joues, ordinairement un peu pâles, d'une belle pâleur de brune, une floraison de roses, une fouettée de couleurs éclatantes estompées par le duvet de la peau. Échappés aux morsures du peigne, ses magnifiques cheveux roulaient sur ses épaules et son beau rire d'enfant faisait passer des frissons de nacre entre ses lèvres ; je ne sais quelle langueur printanière baignait toute sa personne et la rendait plus séduisante encore. Ah ! je me sentais vraiment fou du bonheur qui m'attendait enfin dans quelques jours, quand nous serions unis ! Il me semblait que toutes les clartés du ciel tombaient de ses yeux, que tous les parfums des fleurs me venaient de sa bouche, que toutes les chansons des oiseaux avaient le timbre argentin de sa voix... C'était une partie endiablée et menée par les demoiselles avec une furia extraordinaire. Tout à coup Mlle Claire lança le ballon derrière une haie qui nous séparait des vignes. J'étais et suis encore prodigieusement leste. Je franchis la haie d'un bond, je me retourne et je lance un coup de pied formidable dans le ballon pour le ramener dans la pelouse en lui faisant décrire, suivant les lois invariables de la mathématique, une magnifique parabole.

— Et vous le crevez ! s'écrie Jacques.

— Heureusement non ! fit doucement notre cher Daniel. Car ce n'était pas le ballon. C'était le postérieur de mon futur beau-père qui s'était accroupi là dans sa patiente recherche ou pour quelque autre raison. La rondeur majestueuse de l'objet avait trompé mon coup d'œil. Comme c'était un homme fort distingué et qui avait beaucoup fréquenté les salles d'armes, il dit immédiatement : « Touché ! » Puis se relevant, il m'administra une épouvantable raclée et me chassa de sa maison. Ah ! chère Angélique !

Et Daniel Ouweston dut reprendre deux verres de gin pour se remettre un peu.

— Anauké ! murmura Jacques. Et il ajouta : — C'est égal, Daniel, si vous apprenez jamais que cette charmante demoiselle a mal tourné, ne manquez pas de m'en prévenir.

CHIROMANCIE

CHIROMANCIE

I

J'ignore ce que seront nos petites-filles, toutes pourvues de brevets supérieurs et si généralement institutrices qu'elles ne trouveront plus d'élèves à enseigner. Toutes professeurs ! Un état-major sans soldats, comme dans les petits pays qui servent de tampons aux grands. Oui, je ne sais pas du tout ce que sera, au point de vue du charme, cette génération de demoiselles fortes en sciences laïques, diplômées sur toutes les coutures (épargnez-en quelques-unes, Seigneur !), puissantes en géodésie et invincibles en géographie comparée. Ces bas-bleus, mais d'un bleu mélancolique, d'un bleu pisseusement scolaire, d'un bleu d'indigo économique et non pas d'azur céleste, ne me font pas souhaiter d'être encore, à cent ans, l'étudiant joyeux qu'est le vénéré M. Chevreul. Je vous jure que je ne me fais pas bien une idée de ce qu'offriront d'agrément (pas à leurs maris (je suis décidé à ne me pas marier, même à cent ans, mais à leurs amants) ces péronnelles lettrées. Mais je sais que nos grand'mères étaient de délicieuses personnes dont le commerce (je ne suis pas l'auteur de ce vilain mot) était le plus agréable du monde. Ignorantes ! Elles l'étaient délicatement, infiniment, glorieusement, comme des carpes Elles outrageaient l'orthographe sans remords. Elles étaient nourries intellectuellement de bouquets à Chloris, de romans sentimentaux et d'un tas de billevesées. Mais, avec cela, elles écrivaient des lettres adorables de naturel, d'abandon et de réelle féminiété. Toutes exquises ces correspondances de la fin du siècle dernier. Voilà où se trouvent, et non pas dans Mme de Sévigné, les vrais modèles de style épistolaire. Oui ces grandes dames futiles, sceptiques, superstitieuses avec cela, étaient ce que le monde a fait de mieux. Quelques-unes moururent en héroïnes avec un sourire et des grands mots de Jean-Jacques Rousseau sur les lèvres. La race s'éappauvrit chaque jour. Je sais cependant des femmes de ce temps, — bien rares, j'en conviens, — qui, sans poudre aux cheveux, sans mouches au coin de la bouche, sans robes à ramages de soie et sans larges paniers, savent faire revivre cette tradition charmante de bonne compagnie et de belles façons insolentes aux goujats, fleurs de noblesse hautes et décolorées, mais harmonieuses comme ces roses-trémières qui deviennent l'orgueil mélancolique des jardins automnaux.

II

Telle était Mme la marquise de Paravère : un peu grande peut-être ; un peu mince certainement, mais pleine d'une majesté douce qui vous rendait tout d'abord respectueux auprès d'elle. Pas maigre, au moins ! De jolies épaules, au contraire, dont elle ne montrait pas assez, des épaules étincelantes et comme baignées de clarté lunaire, des épaules de Diane où ne manquait que le cliquetis du carquois. La taille plus longue que ne le veut la plastique grecque, mais une belle saillie de hanches remontant un peu le long du buste, comme les anses discrètes d'une amphore. Il ne fallait pas être grand clerc en féminine beauté pour deviner qu'elle avait la cuisse ronde et allongée, le mollet un peu haut, comme on dit : à la mousquetaire ; la cheville un peu haute aussi, ce qui est signe de noblesse. Les pieds et les mains — celles-ci très petites — étaient d'une aristocratie parfaite. Libre à vous maintenant de préférer à cette « grande et honneste dame » une jeune personne en lunettes et ayant remarqué des fautes d'anatomie dans les ouvrages de M. Paul Bert. Mme la marquise de Paravère aimait le monde et recevait volontiers. Mais son salon n'était pas une de ces halles politiques où se presse la valetaille préfectorale de demain ; ce n'était pas non plus un de ces endroits précieux où se mijotent les élections académiques. C'était un salon comme ceux d'autrefois, où l'on ne recevait que des amis et où le petit nombre des élus faisait le Paradis, comme l'a dit si subtilement Baudelaire. On y causait, on y jouait même à de petits jeux quelquefois — pas au baccara, au moins ! — La maîtresse de la maison était curieuse de toutes choses. Rarement de musique ; mais alors de la belle musique des maîtres. Mozart était celui qu'elle préférait à tous. De temps en temps, un joli menuet de Boccherini. Savante en rien du tout, la marquise, mais s'intéressant un peu à tout, comme doit faire une femme qui n'est pas une oie, mais qui n'est pas non plus un examinateur au baccalauréat. Mon ami le commandant retraité Laripète était des intimes. On le trouvait bien un peu commun, mais si brave homme ! Mme de Paravère n'avait aucune illusion sur la vertu de la commandante ; mais, fort vertueuse elle-même, elle n'en était que plus indulgente aux autres. L'amiral Le Kelpudubec n'avait pas plu au premier abord, mais on pardonnait beaucoup à sa rude franchise de marin ; d'autant qu'elle éclatait rarement, l'amiral étant généralement silencieux et n'ouvrant jamais la bouche que quand il avait quelque chose de désagréable à dire. Mais le héros de ces petites fêtes était mon ami Jacques. Ah! celui-là, j'ai moins besoin encore de vous le présenter. Nous sommes donc en plein pays de connaissance. Un dernier détail cependant. Jacques faisait une cour discrète, mais très serrée, à la marquise, pour le mauvais motif bien entendu. L'amiral, au contraire, caressait quelquefois l'espoir chimérique d'en faire un jour Mme Le Kelpududec.

III

— Comment, vous ne croyez pas à la chiromancie ! ma chère marquise ! fit la commandante.

— Pas absolument, fit celle-ci avec un bon sourire. Ce serait d'ailleurs une science insupportable que celle qui ne permettrait plus aucun imprévu à la vie. Comment ! Il suffirait de regarder dans le creux de sa main pour escompter ses joies futures et souffrir déjà des douleurs à venir ! Ce serait franchement une vraie duperie. N'est-ce pas votre avis, commandant ?

— Permettez, marquise. Tous les peuples ne sont pas d'accord sur l'endroit où se trouve les plis révélateurs, ces petites commissures de la peau qui ne seraient autre chose que l'écriture cabalistique du destin. Chez les tribus sauvages, où je fus, comme vous savez, en mission diplomatique et militaire durant plus de dix ans de ma carrière, une façon de marabout, célèbre par ses connaissances des sciences occul...

— Il suffit, commandant ! fit en rougissant un peu, derrière son large éventail, Mme de Paravère.

— D'ailleurs, qu'eût-il pu m'apprendre ? continua philosophiquement Laripète.

— Mais certainement que tu étais co...

— Moi, commença impérieusement Jacques, en homme qui tenait à interrompre la phrase commencée, je crois d'une façon absolue à la science de la main. J'ai eu l'honneur de connaître quelque peu Desbarolles et d'en recevoir les premières leçons. Dernièrement encore je rencontrai à Toulouse un de ses plus brillants élèves, journaliste à la fois spirituel et sérieux, Firmin Boyssin, un des hommes les plus érudits et vraiment lettrés que je connaisse, et qui me surprit par la netteté de ses révélations sur le caractère d'un de nos amis communs. Non ! non ! rien n'est chimérique dans cette patiente étude...

— Seriez-vous donc capable, vous-même, mon cher monsieur Jacques, de nous donner un aperçu des principes chiromanciens ? demanda gracieusement la marquise.

— Je ne suis pas de première force, répondit modestement Jacques, mais enfin je sais les éléments essentiels et, si vous voulez bien, marquise, me permettre de vous dire quelques vérités...

— Voici ma patte, mon ami.

L'amiral Le Kelpudubec fit une grimace épouvantable. Cette familiarité inattendue le mit d'une humeur insupportable. Un grognement contenu vint mourir derrière ses longues dents qui sonnèrent comme des castagnettes.

IV

Je vous laisse à penser si Jacques, fort amoureux comme je vous l'ai dit, laisser passa cette occasion de dire des choses aimables à la belle Mme de Paravère. Elle avait la plus admirable ligne de vie qu'on eût rencontrée jamais. Et la ligne du cœur donc ! A en revendre à la sensible Héloïse. Et la ligne de tête ! mieux que ce que pouvait avoir Georges Sand ou Hypatie. Ce fut une série d'étonnements flatteurs, de surprises habiles, d'exclamations enthousiastes. Quelques regrets avec cela ! Ah ! si le petit mamelon d'où jaillit le pouce avait été seulement un peu plus proéminent, c'eût été grand bonheur pour ceux que décourageait la froideur de la cruelle marquise. Et des compliments, des compliments, des compliments...

Le commandant s'amusait beaucoup. La commandante avait constaté, avec une joie orgueilleusement secrète, que sa main possédait les saillies manquant à Mme de Paravère. L'amiral, lui, écumait de jalousie sourde et de colère rentrée. Mais à froid, sournoisement, en homme qui médite une vengeance. La marquise, à qui n'échappait pas cette fureur comique, ne put résister au plaisir de le taquiner un peu.

— Et vous, amiral, lui dit-elle, ne sauriez-vous rien me dire en consultant ma main?

— Ça, c'est à savoir, madame! fit froidement l'amiral.

— Essayez donc.

Et elle lui tendit sa main gauche. Le Kelpudubec la repoussa doucement, d'un geste poli, mais ferme.

— L'autre, fit-il.

La marquise lui passa sa main droite.

— Parions une discrétion que je vous dis une vérité, marquise.

— Une discrétion avec vous, amiral, c'est dangereux! Enfin, je parie.

L'amiral regarda bien attentivement. Autour de lui c'était un silence presque solennel, une impatience muette, le *conticuere omnes, intentique ora tenebant* virgilien que ne sauront plus nos petits-fils délatinisés.

Enfin l'amiral esquissa un sourire énigmatique et, d'une voix qui voulait être gracieuse :

— Chère marquise, fit-il, voilà, je le gage, une petite main charmante qui a plus souvent gratté vos fesses que les miennes.

M. et Mme Laripète éclatèrent de rire, mais Mme de Paravère montra la porte au malencontreux Le Kelpudubec, ce qui n'avança pas d'ailleurs beaucoup les affaires de Jacques, car, je l'ai dit, la marquise était d'une inexpugnable vertu.

LE CADRAN

LE CADRAN

I

Sur la place quadrangulaire et plantée symétriquement de platanes, la nouvelle maison de Ville, comme disent nos voisins, s'élevait mélancolique, malgré la modernité parfaite de son architecture et le beau ton blanc cru de ses pierres toutes neuves. C'était un monument communal d'aspect propret et consciencieusement édifié par un Visconti d'arrondissement, le plus économiquement possible ; un échantillon parfait de cet art contemporain de la bâtisse dont le propre est d'être aussi complètement dénué d'art que possible. Aucune fidélité aux traditions d'une école quelconque ; un peu de tout ; du romain et de la renaissance. C'est le caractère des époques décadentes de n'en plus présenter aucun de bien défini. Tout s'y confond dans la promiscuité banale des souvenirs. Oui, toute blanche et toute triste, comme une mariée que ses parents ont affublée d'un époux qu'elle n'aimait pas, la cage de moellons où s'allaient enchaîner les destinées devant l'écharpe insensible de M. le maire. Il manquait visiblement une âme à ce squelette. Ce qui fait la vie apparente et le mouvement dans ce genre d'édifices que n'habite aucune mémoire, c'est l'horloge, et, quand un carillon, si modeste qu'il soit, en complique les rouages, il semble que ce bloc de plâtre couronné d'ardoise se soit animé. Mieux que le volapuck, le Temps parle une langue éternelle : — celle qui nous dit d'aimer et de mourir. L'horloge n'est pas seulement un rythme dans le chaos des bruits et une voix dans le silence. C'est aussi un regard dans la solitude. Elle a la forme circulaire d'un œil qui plonge, vague, sur les choses d'ici-bas. Ainsi nous contemplent les choses, troublantes parfois par cette fixité d'attention qui fait honte aux caprices de notre pensée. Je suis sûr que, pour les criminels, les cadrans publics, surtout éclairés le soir intérieurement, ont quelque chose de formidable et d'accusateur. Dans un ordre d'idées plus riant, j'avoue avoir été fort gêné dans des ébats bien innocents cependant, mais que ma pudeur naturelle eût voulu néanmoins tout à fait mystérieux, par la présence d'une simple pendule. Pour peu qu'elle fût surmontée d'un petit berger mettant des fleurs au cou d'un agneau, ou d'un Christophe Colomb promenant un compas sur une boule, elle me retirait une bonne moitié de mes moyens. Oh ! je m'en rappelle une avec une Sapho en zinc bronzé !... Décidément Sapho en voulait aux hommes et aux simples amours des gens de bien qui réclament deux sexes, au moins, pour être heureux ! Mais j'en reviens à mon Hôtel de Ville de Champignol-en-Vexin (l'histoire que je vous vais conter est très authentique et s'est passée ailleurs, mais je veux la dénaturer par de faux noms); et au défaut de beffroi qui en faisait quelque chose comme un cyclope dont l'unique paupière s'ouvrirait sur un trou, car la niche était là, ornementée et sculptée, prête à recevoir le disque où court l'aiguille par imperceptibles soubresauts. Mais la commune, tout en proclamant un excédent considérable de recettes dans ses budgets annuels, s'était suffisamment obérée par l'érection de cet ambitieux bâtiment, et cette dernière dépense était au-dessus de ses forces. Les frais avaient été doublés en effet par la nécessité de démolir l'ancienne mairie, un vrai petit chef-d'œuvre de style Louis XIII, un ancien château plein de souvenirs historiques mais qui, par cela même, avait paru intolérable aux radicaux de l'endroit, lesquels entendent que Napoléon ait immédiatement succédé à Charlemagne, après une courte régence d'Étienne Marcel. C'est ainsi que les choses se passent partout maintenant. Heureusement que la période électorale, laquelle est toujours un renouveau de prospérité pour le pays, arriva.

II

Malgré la pureté de sa démocratie attestée, sur des affiches vermillon, par les citoyens Chopinard, Ripincel et Grateloup en qui l'on pouvait avoir confiance et qui étaient justement renommés comme experts en conscience républicaine, M. Ganisset avait de sérieux concurrents. L'opportunisme avait gangrené le pays. Je n'ai jamais su, au fond, ce que c'était que l'opportunisme ; car se dire simplement de l'école des gens qui entendent profiter des circonstances favorables me semble une naïveté. Comme, de plus, les circonstances favorables ne se sauraient prévoir, il semble malaisé d'en faire le point de départ d'une esthétique politique. Vous me direz qu'il s'agit aussi de les faire naître. Mais alors cela s'appelle du machiavélisme. Enfin, j'ignore en quoi consiste l'opportunisme, bien qu'on m'ait montré autrefois, dans un café, M. Ranc qui m'a fait l'effet d'un fort galant homme ; mais il paraît que c'est quelque chose de tout à fait redoutable et ténébreux. C'était, au moins, l'avis de M. Ganisset dont le plus dangereux adversaire était un homme de cette nuance, un de ces modestes candidats qui se disent seulement les coiffeurs de l'Occasion, laquelle, comme vous le savez, n'a plus de cheveux depuis longtemps ; profession platonique, profession de foi ! Il fallait frapper un grand coup pour triompher dans la lutte. L'opportuniste M. Pératé avait promis d'excellentes lois, une augmentation des ressources de l'État par un abaissement général des impôts, un gouvernement fort par la liberté absolue, l'annexion du reste de l'Asie au Tonkin sous notre protectorat pacifique, etc., etc..., les rocamboles ordinaires par quoi les naïfs seuls sont encore pipés aujourd'hui. M. Ganisset s'était dit que tout cela était fort usé et que la perspective d'un bienfait plus immédiatement pratique servirait ses intérêts bien davantage. Néanmoins il promit aussi tout cela, plus la reconstitution de tous les grands corps de l'État sur le plan des sociétés coopératives ouvrières (les sénateurs eux-mêmes seraient mis à leurs pièces) : mais il conclut en annonçant aussi que, s'il était élu, il doterait la ville de Champignol-en-Vexin, laquelle était comme le cœur électoral de la région, d'une horloge avec sonnerie, indiquant musicalement les heures, les demi-heures et les quarts d'heure, ce qui peut être utile aux maris un peu âgés qui ne se doivent pas fatiguer trop longtemps dans l'accomplissement de leurs devoirs. Oh ! le beffroi ! avec quelle impatience il était attendu par tous les Champignollais ! La manœuvre n'était peut-être pas d'une délicatesse extrême. On n'eût pu cependant la qualifier de manœuvre de la dernière heure, puisque le cadran ne marchait pas encore...

mais elle réussit pleinement. M. Ganissot fut élu avec une immense majorité : trois cent treize voix. L'opportuniste M. Pératé jura que, la première fois, il mettrait à l'Occasion une perruque, pour ne se plus mettre inutilement en frais de papillotes.

III

Un peu d'idylle maintenant dans ce drame politique aux changeantes mais toujours sombres couleurs ! Mme Tryptolème, la femme du concierge de la nouvelle mairie, était une belle créature, morbleu! Bien en chair, appétissante à l'envi, et abondamment pourvue de cet aimable et vivant soufflet par où sortent ce que nous appellerons si vous voulez les murmures flûteurs. Me suis-je bien fait comprendre? Il me semble qu'il y a bien longtemps que je n'ai parlé de ces rotondités festueuses, lesquelles demeureront nonobstant une des admirations les plus constantes de ma misérable vie. Et M. Tryptolème? Un simple cocu; de ceux que les botanistes un peu raffinés ne classent même plus, quelque chose de fréquent et d'insignifiant tout à fait comme le chiendent. — Ceci n'est pas d'ailleurs pour vous engager à faire des tisanes rafraîchissantes avec les cocus de votre connaissance. — De lui, nous ne parlerons donc plus. Mais bien de Mme Tryptolème, la benoîte créature qui aimait tant le tromper avec l'huissier Poussemol, un joyeux compère, comme presque tous les huissiers qui voient trop souvent les autres embêtés pour ne pas être un peu contents. Ainsi le veut la bonté naturelle à l'homme. Poussemol qu'on aurait pu surnommer d'ailleurs : Le Malnommé, au temps où chaque souverain avait son sobriquet et étant donné que les huissiers sont les rois d'aujourd'hui, Poussemol, dis-je, était, de plus, un gaillard ardent et vigoureux au « déduyct » comme disaient nos grand'mères qui s'y connaissaient diantrement. Il apportait au déshonneur de cet imbécile de Tryptolème un courage et un élan où se sentait une terrible rancune contre l'odieux métier de faire des protêts. Où se voyaient les deux amants? Mon Dieu, un peu partout et pas bien difficilement d'ailleurs. Car Tryptolème et Poussemol étaient grands amis comme il convient. C'est ainsi que le jour... ou plutôt le soir où devait être expérimenté solennellement le beffroi offert à la ville par le généreux Ganisset, Poussemol avait dîné chez le concierge de la mairie, voire que le ménage Tryptolème et lui avaient englouti un énorme cassoulet de Castelnaudary, le plus abondant en haricots savoureux qui se fût jamais mangé dans la contrée.

L'exhibition publique du cadran devant les autorités devait avoir lieu à neuf heures seulement, ce qui permit aux amoureux quelques délassements digestifs.

IV

Le malin Ganisset savait bien ce qu'il faisait en voulant que cette première apparition de son présent communal se fît le soir. Il avait combiné, avec l'ingénieur Mirevent, un effet de lumière électrique donnant subitement sur l'horloge, et qui devait être simplement féerique. Dans la grande pièce formant les combles triangulaires de l'hôtel de ville, tout avait été préparé pour qu'au dernier moment seulement, l'horloge fût poussée vers la niche qu'elle devait occuper et vînt combler subitement l'ouverture demeurée béante, devant laquelle flottait provisoirement un voile, comme on fait pour les statues qu'une toile sombre recouvre, laquelle ne s'enlève qu'à l'heure juste de l'inauguration. Un jeu de cordes faisant poulies sur les branches des arbres de la promenade permettrait de faire disparaître ce lambeau d'étoffe comme par enchantement, quand les lumières blanches artificielles viendraient baigner le cadran mis en place. M. Ganisset donnerait lui-même le signal en battant des mains trois fois...

Oh ! cet animal de Tryptolème ! En se démenant comme un hanneton dans sa mairie, n'a-t-il pas failli surprendre sa femme avec Poussemol ! Ceux-ci n'ont eu que le temps de se sauver dans l'escalier, en montant toujours devant eux. Aussi sont-ils arrivés dans la grande pièce où l'horloge attend le signal. Mme Tryptolème a tellement peur qu'elle s'y enferme. Ne me parlez pas de ces terreurs subites quand les personnes ont mangé du cassoulet : Mme Tryptolème se sent vaincue par une colique endiablée. Bon ! Cette niche béante devant laquelle flotte un lambeau noir. Elle y passe, désespérée, son beau séant qui n'y incruste que malaisément ses rondeurs opprimées...

Pan ! pan ! pan ! M. Ganisset a frappé les trois coups. Le voile s'envole : la lumière électrique s'étale en jet argenté... Le cadran ! Ah ! bien oui ! Le derrière de Mme Tryptolème qui ne se peut plus dégager de son étui de pierre.

— Et la sonnerie ! s'écrie l'opportuniste Pératé qui était venu là, espérant quelque accident.

Mme Tryptolème sonna dix heures en une canonnade furieuse.

Malgré ce succès musical, M. Ganisset ne sera pas renommé.

HARMONIE

HARMONIE

I

Traversons le Rhin, s'il vous plait, en promeneurs pacifiques et sans rancune. On peut bien oublier un jour sa défaite pour revoir les amis d'autrefois. Car ils étaient, chez nous, les plus affectueux des hôtes, ces braves gens qui ont goûté une joie si pure à nous écraser. Dans son admirable livre sur les *Mœurs des Germains*, Tacite a oublié cet oubli facile du toit et du pain autrefois offerts, ce don merveilleux d'hypocrisie et d'ingratitude. Nous avions souvent rompu le pain ensemble et choqué nos verres, compagnons de jeunesse dont l'effroyable jargon lui-même semblait mouillé de tendresse, avant que vous vous divertissiez à cribler d'obus ma maison. Allons! laissez-moi, visiteur débonnaire, fouler à mon tour votre sol généreux où les tranquilles vertus s'épanouissent parmi l'enlacement des houblons. Doux pays de Werther, je te salue. Belle Charlotte, mes révérences! Mais n'espérez pas me mener au suicide par un chemin bordé de confitures. Je vous estime, mais ne vous aime pas.

Nous voilà donc dans une bonne petite ville aux maisons pittoresques et pointues ayant l'air construites pour des joujoux. Rien ne manque au décor : une petite rivière avec des vieux qui causent sur le pont, en fumant de longues pipes de porcelaine, et des jeunes filles qui promènent, le long des quais, de jaunes nattes qui leur fouettent le croupion. La fille-mère Marguerite est sans doute dans le tas, mais Gœthe a suffi à chanter sa gloire. Moi, je veux célébrer les charmes de Mlle Gudule Walter, la plus charmante assurément de ces Gretchens et aussi la plus habile dans l'art d'accommoder des saucisses sur une choucroute familiale. Elle excellait également à saupoudrer de cumin et d'anis des petits pains salés. Ajoutez à cela un visage au rose savoureux de pivoine, une chevelure ayant les frissons d'or du blé dans la brise, des yeux ayant l'émail clair des plus élégantes poteries, et vous ne serez plus étonnés que le beau Gunther, brasseur de son état, fût tout à fait amoureux de cette séduisante créature, amoureux au point de rêver d'en faire sa légitime compagne, ce qui nous semble un comble, à nous, dans notre naïve patrie. Gunther ne déplaisait pas au sieur Walter, son futur beau-papa ; mais son plus ferme espoir était dans l'amitié solide qui l'unissait à Hans, le frère de Gudule, un garçon ayant les mêmes goûts que lui et dont il allait faire son alter magot dans le but de s'insinuer dans la maison. Et Mlle Gudule l'aimait-elle ? Elle ne lui en avait rien avoué dans tous les cas ; mais de fins observateurs avaient remarqué qu'elle soignait davantage les tartes aux prunes et y mettait plus de sucre les jours où Gunther devait dîner. Le vieux juif Isaac, ami des Walter, avait fait, un des premiers, cette observation gastronomique et aussi ne manquait-il pas d'annoncer comme convive Gunther, qu'il dût venir ou non, les jours où il mangeait lui-même, afin d'avoir un meilleur souper. Car ce fils d'Israël prisait fort la bonne chère, à condition qu'il n'en fît pas les frais, et il n'avait pas son pareil pour commander un bon repas, pour peu qu'il fût sûr de n'avoir pas à le payer. Sympathique figure d'usurier au demeurant.

II

Ce n'est qu'en Allemagne qu'on aime vraiment la musique. Les fanfares de nos cirques forains n'ont retrouvé quelque valeur que depuis que les Teutons y ont repris leur place, habillés en rouge et panachés comme des chiens savants. A eux le secret de ces valses tranquilles qu'il suffit aux chevaux d'entendre pour tourner méthodiquement sous les pieds bondissants des écuyères en maillot. Hans et Gunther n'échappaient pas à la loi commune : Hans jouait du trombone de la plus agréable façon et Gunther excellait à tirer de l'ophicléide des sons intestinaux dont l'ouïe était un instant inquiétée. Ils s'étaient rencontrés, d'ailleurs, pour la première fois, dans une société instrumentale, et cette circonstance eût suffi à leur rendre encore plus chère cette douce occupation de souffler dans le cuivre. Ils étaient parmi les gloires de la petite ville. Gunther donnait même quelques leçons. Quant à Hans, il composait de délicieuses mélodies spécialement écrites pour son instrument. Il n'était pas pour eux d'heures plus douces que celles qu'ils passaient à étudier ensemble et à jouer de petits duos agrémentés de mille ingénieuses floritures. De temps en temps, Gunther s'arrêtait sur un *mi* bémol pour peindre à son ami la tendresse que lui inspirait Gudule. Le bon Hans l'encourageait et ne manquait pas de reprendre la conversation musicale par quelque ut dièze triomphant, qui était pour son compagnon le signal de la victoire prochaine. Mais il n'est pas de joie pure ici-bas. Dans la même maison que Gunther habitait une jeune fille cultivant le piano et qui obtint du propriétaire que le malheureux joueur d'ophicléide recevrait un congé immédiat s'il n'allait pas donner ses concerts un peu plus loin. Presque en même temps, la famille Walter était prévenue qu'on la flanquerait à la porte, à la requête du voisin, si Hans persévérait dans ses trombonesques expériences. Ah! la jalousie des artistes entre eux! Il y avait, parmi ces voisins, un méchant joueur de flageolet qui avait excité tous les autres... Eh bien, on irait jouer en plein air. Ce fut bon pendant les derniers beaux jours d'automne. Mais quand la gelée s'en vint saupoudrer les arbres, bien qu'enveloppés de houppelandes et coiffés de loutre, Hans et Gunther sentirent leurs doigts rouges se raidir le long du métal harmonieux. Leurs outils eux-mêmes semblaient s'enrhumer sous le givre et les sons en avaient perdu toute leur limpidité. Le bon Isaac leur offrit bien une chambre chez lui, mais à la condition qu'ils payeraient le loyer entier de son appartement. Cette affaire avantageuse ne fut pas de leur goût et ils étaient tombés dans la plus étrange des perplexités, en voyant s'enfuir leur bonheur tranquille comme un ruisseau qui se sèche en courant.

III

Cependant Gunther était presque agréé dans la famille des Walter. Gudule mettait de plus en plus de cassonnade dans ses gâteaux quand il était son hôte, ce qui indiquait certainement une croissante tendresse. Isaac trouvait même que cette affection allait à l'excès, craignant d'attraper le diabète à ce régime. Car Isaac, qui n'avait que soixante-dix ans ne tenait pas à être moissonné dans la fleur de son âge. On a beaucoup écrit touchant la longévité des Allemands supérieure à la nôtre. J'en ai récemment trouvé la raison véritable dans l'abondance de leurs extrémités. Ces gaillards-là ont les pieds si grands que, quands ils en ont un dans la tombe, il n'y reste plus de place pour l'autre. Charlemagne autrefois vécut très âgé pour la même raison. Mais je reviens à nos amoureux. Gunther trouvait le temps long tout en se bourrant de tartelettes, et en poussant des soupirs anisés qui auraient suffi à faire tourner un moulin. Hans, pour lui faire prendre patience, mettait la dernière main à un morceau qui devait être exécuté par eux deux, un duo tendre et brillant à la fois, où le trombone mêlait d'héroïques élans aux plaintes consolées de l'ophicléïde, composition très originale vraiment, et qui ne manquera pas d'avoir un certain retentissement dans la cité.

Enfin le bon Walter s'avoua vaincu par tant de

constance. Gudule, plus rougissante qu'une rose trémière sous le tiède soleil de septembre, consentit également. Le jour fut même fixé où l'on échangerait les anneaux, gage d'une éternelle alliance. Isaac rédigea immédiatement un menu qui, tout à la fois, flattait son goût et son estomac. Il ne lésina fichtre pas sur les dépenses :

— Ce sont, dit-il, circonstances solennelles où il convient de faire grandement les choses.

Et il parla des premières amours de Jacob et de Rébecca avec une telle onction que tout le monde se mit à pleurer, Gunther surtout que le bonheur rendait sensible comme une femmelette. Hans lui tamponna les yeux, durant que Walter bourrait une nouvelle pipe et que Gudule cherchait à pincer discrètement dans son corsage une puce frileuse qui s'y était ingénieusement blottie. Ces petites bêtes malapprises connaissent tous les bons endroits.

C'était le plus touchant spectacle du monde.

IV

Oui, mais il fallait presser l'étude du fameux duo!

Où le travailler? où le répéter jour et nuit? O pauvres musiciens proscrits par l'intolérance de vos pareils!

Un jour Gunther arriva tout joyeux auprès de son ami :

— J'ai, lui dit-il, notre affaire, un endroit où personne ne nous entendra !

— Dieu t'entende ! répondit Hans.

Et ils sortirent ensemble. Gunther marchait victorieusement le premier. Il ne s'arrêta qu'en dehors de la ville devant une maison de chétive apparence.

— Là, on veut bien, fit Gunther triomphalement.

— C'est donc un hôpital de sourds?

— Non! mais le propriétaire, qui admire mon talent, a mis à ma disposition une cave dont il m'a donné la clef et où je vais te conduire.

Et ils pénétrèrent ensemble dans un souterrain qu'éclairait seul, pendant le jour, un soupirail donnant sur la route et placé très haut.

— Une merveille, en effet, dit Hans.

Ils revinrent le soir même après avoir dîné ensemble chez le père Walter. Jamais Gudule ne s'était tant surpassée en cuisine. Isaac s'en était donné d'un gâteau à l'anis!

Voilà nos deux amis installés dans la cave et s'en donnant à cœur joie, celui-ci de tirer sur les pincettes et celui-là de souffler dans sa bassinoire. Mais ils n'avaient pas emporté suffisamment de lumière et se trouvèrent soudain dans une obscurité complète.

— Ça ne fait rien, dit Gunther, nous n'avons pas besoin d'y voir clair, maintenant que nous savons par cœur. Recommençons cet admirable passage. Je fais mon *mi* bémol et tu reprends.

Et Gunther fit un *mi* bémol, comme il avait dit.

Au lieu de la note qu'il attendait de Hans, un son très malséant lui répondit ; vous savez, un de ces sons qui font qu'on ne se bouche pas seulement les oreilles.

— Hans, fit sévèrement Gunther, voilà une plaisanterie du plus mauvais goût.

— Comprends pas! fit Hans piqué au vif.

Il émit à son tour le *fa* dièze attendu.

Renouvellement de son malhonnête, mais plus intense que la première fois.

— Gunther, s'écria Hans furieux, voilà une farce qui pourrait plaire en France, mais qui déshonore ici.

Prout! prout! prout! prout! La canonnade devint formidable.

— V'lan! Et Gunther reçut une gifle en plein visage, tandis que Hans se frottait le derrière où venait de lui tomber un coup de pied. La musique infernale continuant, ils tombèrent à bras raccourcis l'un sur l'autre, en se traitant affectueusement dans l'oreille de salopiaud et de goujat!

Innocents cependant l'un et l'autre! C'était ce sacré Isaac qui, s'étant démesurément bourré, tourmenté de la male colique en chemin, et ne sachant où l'épancher, avait fini par trouver propice à ses projets le soupirail de la cave où nos deux amis se donnaient sympathiquement le *la*. Tout ce vacarme n'était qu'une avant-garde... Mais ni Hans ni Gunther ne surent jamais la vérité. Ils gardèrent chacun un mois le lit et ne voulurent jamais se revoir. Gudule se maria tout de même et Isaac prit à la noce une indigestion dont il mourut.

MYSTICA VERBA

MYSTICA VERBA

I

— Il faut avouer, dit avec conviction notre excellent ami Laripète, que les savants de l'Observatoire sont de fameuses bourriques.

— Et pourquoi cela, irrespectueux fantassin ? grognaLe Kelpudubec.

Vous allez me demander tout de suite ce que faisait lacommandante durant que ces deux vénérables imbéciles discutaient ainsi de *omni re scibili* et principalement de tout le reste. Eh bien, la commandante rêvait, très enfoncée dans son large fauteuil (il ne lui en fallait pas d'autre), la tête à demi renversée dans l'or traversé de fils d'argent de sa chevelure encore abondante, les seins « tendus vers l'avenir » suivant une belle expression du poète Rimbaud, instigateur des voyelles colorées. Oui, vers l'avenir. Car elle rêvait d'aimer encore, cette copieuse femme aux reliefs engageants et dont les yeux perdus dans le vide de sa pensée étaient çà et là éclairés de subites étincelles comme il en jaillit du feu mal enseveli sous les cendres hivernales. Et je vous jure que l'amant inconnu qu'elle évoquait ainsi dans le silence avait grand tort de ne pas venir, car il y avait de belles gerbes de baisers à glaner, après la moisson des passions anciennes, sur ces lèvres entr'ouvertes aux caresses du soir qui passent dans le souffle des fleurs en train de mourir. Jacques était bien là. Mais Jacques, bien que plus jeune que son antique amie, avait vieilli incomparablement plus vite. Et il en est toujours ainsi. Ce sont des farceurs qui prétendent que l'âge atteint plus vite la femme que l'homme. La preuve c'est que, quel que soit le nombre respectable de ses années, celle-ci peut toujours, tandis que celui-là... Non! j'allais être inconvenant! Je suis cependant satisfait d'avoir flanqué, au passage, un coup de pied dans le ventre à un préjugé. Je reviens, maintenant que votre curiosité est satisfaite, à la conversation scientifique de nos vieux compagnons.

— Je dis qu'ils sont des bourriques, poursuivit

imperturbablement Laripète, parce qu'ils prétendent que la lune est une masse inerte évoluant dans l'espace et qu'aucune âme n'habite, et tout cela, parce qu'ils croient avoir découvert qu'elle ne produisait ni verdure ni fruits.

— On dit, en effet, communément : infécond comme la lune! observa judicieusement Jacques qui était remarquablement expert en proverbes populaires.

— Et ils en concluent, continua le commandant (autrefois surnommé : le cocumandant dans son régiment) qu'aucun être vivant et doué d'un esprit n'y saurait subsister. La belle expérience de M. Succi est là pour montrer le néant de ce corollaire à un fait d'ailleurs douteux. Les hôtes de la Lune possèdent vraisemblablement une liqueur qui les dispense de manger. On allègue aussi le manque d'atmosphère, comme si on n'avait pas retrouvé dans l'intérieur de pierres des crapauds enfermés là depuis des siècles et parfaitement vivants. Moi je suis certain que la Lune est colonisée, et je suis également sûr que ses colons nous contemplent à travers l'espace. La grande sympathie qui semble descendre sur nous de cet astre éminemment débonnaire et qui attire nos yeux vers lui, dès que nous nous abandonnons à la rêverie dans le silence des belles nuits d'été, n'est que la résultante physique de tous ces regards braqués éternellement sur nous. *In vino veritas.* Tous les ivrognes parlent à la Lune, par un instinct secret du réel, ce qui serait absurde si aucune oreille ne les pouvait écouter là-haut.

— Et les chiens aboient à la Lune, fit Jacques, ce

qui prouve indubitablement qu'ils ont aussi des camarades là-haut. Ils les sentent même quelquefois de si près, par les atmosphères calmes, qu'ils en pissent de contentement.

— Oui, vieux sceptique, acheva Laripète en s'adressant particulièrement à l'amiral, je crois absolument à un courant d'âmes entre la Lune et nous. J'en ai pour preuve les aspirations sublimes dont sa vue emplit ma pensée et l'aimant dont elle sollicite mes heures de méditation quand la lumière argentée en éclaire le cours comme celui des ruisseaux scintillants. Ouf!

— Il en devrait bien descendre un jeune homme aimable pour moi! soupira tout bas la commandante.

Le Kelpuduber, lui, semblait absorbé dans quelque ténébreux sentiment. Tout à coup, cependant, il rompit le silence et parla comme il suit :

II

— Pour une fois, mais pour une seule vraisemblablement, ce que vient de dire mon excellent ami n'est peut-être pas absolument idiot et il est telle aventure dans ma longue vie de marin, qui me fait penser, en effet, que les choses ont quelquefois pour nous des attentions mystérieuses dont les sots les croiraient incapables. O princesse Kadénéné, exotique amoureuse de mon cœur aventureux, perle jadis entrevue par moi dans le lointain des océans, pourquoi ton souvenir vient-il troubler la sérénité de ma retraite incessible et insaisissable comme toutes les pensions du gouvernement ?

Et l'amiral éternua bruyamment, ce qui indiquait chez lui le summum de l'émotion contenue. En même temps la commandante, subitement réveillée par ce vacarme nasal de sa rêverie, laissa échapper... ah ! comment vous dire?... un de ces soupirs qu'on n'a pas coutume d'étouffer avec un mouchoir, parce qu'il faudrait se trop baisser.

— Dieu vous bénisse ! fit dévotement Jacques.

— Le malotru qui le fait remarquer ! pensa furieusement Mme Laripète.

Mais Le Kelpudubec, les yeux inondés par son coryza subit, n'avait rien entendu.

— C'était, continua-t-il, pendant ma mission dans les îles Veyssières dont la France rêvait alors le protectorat. Ces îles, oubliées aujourd'hui, avaient cela de particulier qu'elles ne produisaient absolument rien, ce qui avait immédiatement inspiré au gouvernement le désir d'en faire pacifiquement la conquête. On m'avait confié une canonnière pour cela et beaucoup de munitions, avec la recommandation de ne pas épargner la poudre. Immédiatement l'Angleterre avait envoyé, de son côté, un bâtiment dont le commandant avait pour seule consigne de me contrecarrer en tout. Sir John Mounisch convenait à merveille à ce rôle contrariant. C'était un homme plein de la morgue nationale, parlant rarement mais n'ouvrant jamais la bouche que pour dire une chose désagréable. Il affectait vis-à-vis de moi une hypocrite politesse, mais il était prodigieusement jaloux de l'influence que j'avais immédiatement prise à la cour du pays par mon joli talent sur le flageolet. Car le peuple qui habitait les îles Voyssières était remarquablement mélomane et son grand chagrin était de ne posséder aucun instrument de musique pour exhaler les belles inspirations mélodiques dont il se sentait intérieurement possédé. Le roi Bôtutu XXVII, actuellement souverain de ces maritimes contrées, m'invitait courtoisement à lui jouer de petits airs, en présence de ses ministres et de ses courtisans. Un jour sir John Mounisch avait glissé un haricot dans mon flageolet pour me faire faire de fausses notes et compromettre ainsi la diplomatie française. Mais cette méchanceté tourna contre lui. Mon instrument avait un trou de trop dans lequel le haricot vint intelligemment se loger et le son du flageolet n'en fut que remarquablement renforcé. Après mes variations sur *la Marseillaise*, Bôtutu descendit de son trône, m'embrassa publiquement et me passa au cou le grand cordon du Mérite Carminatif, ordre exclusivement créé pour moi. Sir John Mounisch écrivit, à ce sujet, une note exaspérée à son gouvernement.

— Comme celle de tout à l'heure ! fit gracieusement Jacques en se penchant à l'oreille de la commandante qui lui donna un grand coup d'éventail sur les doigts.

III

— Je n'aurais pas accepté, d'ailleurs, reprit Le Kelpudubec, cette ridicule situation de flûtiste amateur dans une tribu de sauvages si je n'avais été profondément amoureux. J'étais follement épris de la princesse Kadénéné, fille du roi Bêtutu XXVII et nièce du grand ministre Lafessakiki, plus puissant que le roi lui-même. Ce chef de cabinet avait cela de particulier et de désobligeant pour lui-même que, pris par l'ennemi dans une bataille, il était rentré chez lui méchamment chaponné. Il paraît que c'est une farce qu'on se faisait dans le pays, entre tribus en guerre. Cet accident cruel l'avait rendu mauvais comme une gale et gras comme une oie toulousaine. Il était misanthrope et obèse, si prodigieusement déformé par l'embonpoint qu'il semblait, par l'amoncellement de ses rondeurs naturelles, un tas de potirons de différentes grosseurs mis au-dessus les uns des autres. Sa figure surtout était comme une boule de suif, un de ces visages aux traits engloutis dans les chairs et dont les gens bien élevés ont coutume de dire qu'on en trouve de pareils dans toutes les culottes. Ah! le monstre! Et ce qu'il me détestait, en particulier! Il avait sans doute ouï dire que je n'étais pas un homme sans avantages personnels, et sa jalousie furieuse contre tout ce qui était mieux doué que lui s'exaspérait en l'honneur de ma personne.

Impossible de parler à la princesse Kadéndné. Ce que cet animal veillait sur elle! Mais mon amour en était vite arrivé aux ruses ingénieuses. Les nuits étaient très chaudes là-bas, et la coutume était de s'y débarrasser de tout vêtement. Or, la princesse avait l'habitude de s'asseoir, tous les soirs (on dirait d'un vers de M. Scribe), sur le rebord de sa croisée, en tournant le dos au paysage et de façon à laisser les souffles rafraîchissants de la mer effleurer d'une caresse furtive la chair harmonieuse de ses reins. Caché derrière un massif de grenadiers, je demeurais en contemplation véhémente devant ce lunaire et sympathique objet. Il me parut bientôt que, comme le disait tout à l'heure Laripète, un courant de mystérieux effluves s'établissait entre ce postérieur royal et moi. Notez que c'était tout ce que j'entrevoyais de ma bien-aimée, une jalousie se fermant jusqu'à moitié de la fenêtre et ne me permettant de regarder ni ses épaules, ni ses flancs magnifiques, ni sa belle nuque écrasée sous une chevelure massive et débordante. Non, rien que cela! Ce qui lui servait à s'asseoir, et rien davantage. Je n'étais pas maladroit en poésie et je lui composais des vers. Mon amour grandissait chaque jour ou plutôt chaque nuit, et j'en étais venu à m'imaginer qu'il me répondait, ce séant voluptueux.

— Ça se voit quelquefois! soupira Jacques tout bas à la commandante, qui le pinça vigoureusement.

— Le massif de grenadiers, continua l'amiral, était assez loin pour que je ne distinguasse qu'une blancheur ronde dans l'ombre. Ce vague même était propice à ma douce folie. Je lui voyais une physionomie de visage, à cet objet de mes tendresses perdues, de visage avec des expressions diverses suivant le cours problématique de ses impressions. Il me semblait qu'il me faisait bonne mine ou me boudait suivant les moments. C'est le fait de l'homme d'aimer ainsi à animer les choses de ses propres sentiments et l'idolâtrie n'eut pas d'autre source. Or, une nuit que j'étais abîmé dans cette méditation devant ce que vous savez, une main me toucha l'épaule dans l'ombre, et une voix que je reconnus immédiatement pour l'organe vexé de sir John Mounisch me dit avec un fort accent anglais :

— Dites donc, monsieur Le Kelpudubec, est-ce que le derrière de la princesse vous regarde ?

— Certainement, lui répondis-je, répondant ainsi à ma propre pensée, bien plus qu'à la sienne.

Il se mit à rire de toute la longueur ironique de ses dents.

— Voyons un peu, fit-il.

Et, malhonnêtement, il braqua une longue-vue qui ne le quittait jamais dans la direction de la fenêtre de la princesse. Mais immédiatement il poussa un cri de surprise, tellement abasourdi qu'il laissa tomber à terre son instrument de précision, que je relevai pour regarder à mon tour.

Je faillis m'évanouir moi-même. O miracle ! Non seulement le... beau séant de la princesse nous regardait ; mais, lui aussi, braquait sur nous un télescope pour mieux nous voir. Il me sembla que je devenais fou...

Je ne sus la vérité que plus tard. Ce que nous

avions pris, sir John Mounisch et moi, tant notre foi était robuste, pour les belles formes de la princesse c'était tout simplement la face b'afarde, cunéiforme, monstrueusement charnue de son oncle l'eunuque Lafessakiki! Le misérable, qui avait eu vent de mes investigations indiscrètes, fouillait l'horizon avec une lunette d'approche pour découvrir ma cachette.

— Heureusement, insinua traîtreusement Jacques, qu'il n'avait eu vent que de cela, ce qui lui valut un nouveau pinçon de la commandante.

LE CRIME DE LA RUE MARAIS

LE CRIME DE LA RUE MARAIS

I

M. Peconvente, Italien d'origine, mais naturalisé Marseillais pour l'honneur de la Cannebière, était un petit homme ventripotent, très brun, à l'œil vif et menteur, à lui tout seul, comme un cent d'avocats devenus députés. Son horreur pour la vérité était telle qu'il n'eût pas bu une goutte d'eau de puits pour un empire. Platonique, quand il s'agissait simplement d'étonner ses contemporains par des histoires abracadabrantes, cette horreur devenait infiniment pratique et profitable dès qu'il était question de vendre une marchandise avariée pour une bonne. Car cet étonnant génie était dans le commerce. Il vendait des fruits en plein vent et notamment des melons, en la saison où ces cucurbitacés sont à la mode. Complètement brûlé sur la place de Marseille, il était venu exercer son négoce à Paris et il était beau à voir, poussant devant lui sa couche ambulante de cantaloups et les vantant emphatiquement à la pratique. Très farceur avec cela et plaisant avec les commères. Quand celles-ci sentaient où vous savez quelqu'un de ses produits pour s'assurer par l'odeur qu'il était mûr, il avait toujours quelques blagues de bon goût à leur débiter. — « C'est à mon tour, maintenant, ma petite chatte! » en faisant mine de retirer son haut de chausse. Et les commères de rire! — Quel homme charmant que ce M. Peconvente! Une jeune cuisinière inconsidérée enlevait-elle imprudemment le lourd comestible par son appendice naturel, c'était pour cet homme d'esprit le sujet de quelque autre facétie de bon ton dans laquelle il se mettait en cause. Ah! celui-là n'était pas Méridional pour rien! Et ce qu'il leur flanquait de la drogue, tout en discourant et en répandant autour de lui une aimable odeur d'ail!

— Vendez-moi quelque chose de confiance! lui dit, un jour, M. Cofineau, rentier de son état, que sa femme avait envoyé au marché à sa place.

— De confiance! mon bon! c'est mon affaire!

Et M. Peconvente, avec un air capable et soucieux, soupesa quelques-uns de ses melons, les resoupesa, et, en ayant trouvé un tout à fait détestable :

— Ça c'est cher, fit-il, mais c'est exquis!

M. Cofineau ne marchanda pas. Il aimait mieux y mettre du sien. Sa femme était d'une humeur détestable, l'ayant surpris à la vitrine d'un atelier de fleuristes. Il fallait l'amadouer par des douceurs et elle adorait le melon.

Et cela se passait à neuf heures du matin, neuf heures pour le quart peut-être, comme on dit dans les théâtres, en plein faubourg Saint-Martin.

II

Je ne vous ai pas dit une monomanie de M. Peconvente. Les crimes n'avaient pas de lecteur et de commentateur plus assidu. Il avait bien choisi son époque pour vivre. Il ne se passe pas vingt-quatre heures aujourd'hui sans quelque assassinat bien horrible dont la curiosité publique se fût alimentée plusieurs mois en d'autres temps. C'est le progrès des mœurs. C'est à peine si on y fait attention aujourd'hui. La victime seule s'y intéresse. Cette multiplicité d'attentats épouvantables faisait l'existence douce à ce marchand de melons. Il se passionnait pour le meurtrier ou pour le mort, à tour de rôle. Il suivait l'affaire dans ses moindres détails. Ah! l'autopsie! Voilà un régal dont il était friand. Car vous savez que l'usage est aujourd'hui, quand un homme a été poignardé devant cent témoins, de l'ouvrir pour s'assurer qu'il n'est pas mort d'un développement fâcheux de la rate. On découvre ainsi quelquefois que certaines personnes auraient dû mourir déjà depuis longtemps d'une affection incurable qu'elles avaient avant d'être chourinées. Dans ce cas, que reprocher au chourineur? L'attention du médecin se porte surtout sur ce que les victimes avaient mangé à leur dernier repas. C'est capital dans l'instruction de l'affaire. Ce n'est pas du tout la même chose d'étrangler un homme repu de langouste ou un pauvre diable gonflé de haricots. Moi, je ne mange plus que des choses très distinguées depuis que les Bergerons dont nous jouissons ont pris cette coutume. Je serais désolé qu'on apprît aux dames que, vingt-cinq minutes avant ma mort violente, j'avais témoigné une passion malséante pour les tripes à la mode de Caen ou pour les harengs saurs. Je n'ai plus d'autre préoccupation, en commandant mon menu, que celle de laisser après moi un abdomen agréable à analyser. M. Peconvente était enragé de ces belles et utiles expériences et il savait au chef de l'Etat le gré qu'il convient de ne pas être impitoyable au crime sans lequel cette importante corporation de légistes charcutiers se trouverait en grève involontaire.

Peu de crimes épouvantables avaient autant impressionné M. Peconvente que le récent et abominable attentat de la rue Albouy. Il rêvait la nuit de la fille Léa, décapitée par le beau Marius, et de cette tête sanglante pendante aux persiennes dans un éclaboussement de rouge fumant. Un tempérament, ce Marius! Une autre nature que Fouinard, son rival, qui n'avait pas demandé son reste et avait fait un plongeon dans l'oubli. Positivement M. Peconvente était hanté par ce sombre drame, joué en plein soleil dans un quartier populeux. Une seule chose l'inquiétait et empoisonnait sa joie féroce : Qu'avait mangé la fille Léa au déjeuner qui précéda sa décapitation ? Comment la science n'avait-elle pas encore établi, d'une façon irréfutable, qu'elle n'avait pas succombé à une indigestion de moules, comme tout portait à le croire ?

III

Sept heures du soir. Déjà le crépuscule en ce temps d'automne ! Un jour très amorti et comme se perdant aux plis des premières ombres, une poussière de clarté vague errante dans les caprices rafraîchis de l'air. Des lumières déjà aux fenêtres où l'on dîne, des lumières qui clignotent comme les yeux des oiseaux nocturnes, à l'heure des réveils. Au ciel aussi d'un bleu pâle, les étoiles s'allumant, comme impatientes des longues nuits qui les font pareilles à de froides pierreries dans l'écrin profond du firmament. On mange encore cependant en plein air sur le seuil des cabarets et les belles filles passent, tête nue, cheveux au vent, avec des sourires provocants ou moqueurs. Les quartiers ouvriers de Paris sont pleins encore de la gaieté des beaux jours dans le repos des soirs tranquilles. M. Peconvente remontait la rue Marais pour rentrer chez lui, l'esprit toujours occupé de sa chimère, le crime de la rue Albouy. Et, de fait, celle-ci n'était pas bien loin et, dans les assommoirs faisant les coins des voies latérales, les collègues du beau Marius et du sympathique Fouinard n'étaient pas rares, s'apprêtant à arrêter à coups de trique les comptes de la soirée qui allait commencer. Car ces excellents teneurs de livres ne dormiraient pas bien qu'ils n'aient apuré leurs écritures. L'équilibre du budget est leur continuel souci. C'est une remarque à faire en l'honneur de cette industrie. Mais c'est celle où l'on relève le moins de faillites. Et l'on dit que le commerce maritime ne va pas !

M. Peconvente était donc tout à sa méditation quand des cris et un grand bruit de dispute se firent entendre à un troisième étage, sur son chemin. Un homme et une femme s'injuriaient gravement derrière la croisée grande ouverte :

— Misérable ! Misérable ! hurlait la voix féminine.

Et l'homme répondait par des râles sourds, des grognements de lion qui va bondir sur sa proie.

C'était terrible et menaçant.

— Coquin ! scélérat ! reprenait la première voix.

Un silence... puis l'homme accentuant encore ses grondements inarticulés.

— On se tue là ! fit M. Peconvente aux passants.

Et ce fut immédiatement une rumeur considérable et confuse dans la rue. On regardait la fenêtre d'où sortait ce vacarme. Les hommes voulaient monter, mais les femmes les retenaient aux manches.

— Il a un revolver! gémissaient-elles. Il va te tuer!

Un bruit certain de lutte. Puis un véritable mugissement bien distinct cette fois-là :

— Tiens!

En même temps, le meurtrier (personne n'en doutait plus) apparaissait à la croisée, brandissant une chose ronde qu'il tenait par une sorte de natte. Horreur? la chevelure céda et cette tête grimaçante (qui eût osé penser autre chose?) s'en vint rouler sur le pavé, au milieu d'un frémissement indicible de la foule haletante.

M. Peconvente n'en fit ni une ni deux. Il saisit l'objet dans sa blouse, l'y roula et courut au poste de police voisin, suivi de cinq cents personnes qui criaient : A l'assassin!

IV

M. le commissaire fit jeter immédiatement des serviettes sur le sanglant trophée de M. Peconvente, pour éviter à la populace et à lui-même, qui était sensible, un horrible spectacle. Il détacha un brigadier et quatre hommes pour aller appréhender au corps le meurtrier, et M. Peconvente, intérieurement ravi d'être intimement mêlé à une cause émouvante, se chargea de conduire cette petite armée à la porte de la maison, qu'il ne franchit pas d'ailleurs par crainte de recevoir un mauvais coup. Car il était essentiellement poltron et soigneux de sa peau. Quelques instants après, un homme était extrait violemment, bien qu'il ne semblât faire aucune résistance et un immense cri : « A mort! » s'échappait de toutes les poitrines. Une femme était également empoignée qui se débattait ferme, en criant : « C'est une infamie ! »

— Voyez-vous ! disaient les commères. Il avait une seconde maîtresse qui l'a aidé à assassiner la première, la canaille ! C'est encore plus terrible que rue Albouy !

— Hein ! quelle figure de criminel!

— Et elle donc ! quelle gueule d'empoisonneuse.

— Voyez-vous ! ces gens-là n'ont pas dû téter comme les autres, madame Garonichon.

— Dieu leur écrit leur crime sur la face, madame Fessier.

— Encore un qu'on graciera, madame Jolitrou !

— Voilà comme on tient à la vie du monde, madame Hostequette !

. . . .

On dut renforcer le poste pour maintenir la foule aux abords du commissariat.

— Approchez, misérable ! fit sévèrement M. le commissaire.

— Misérable ! misérable ! Ah ça ! que me veut-on, enfin ! hurla le captif exaspéré.

— Oui, que nous veut-on ! glapit la femme à moitié évanouie de colère.

— La justice vous le dira. En attendant, répondez. Où est le cadavre ?

Il résultait, en effet, du rapport des agents que le cadavre n'avait pas été retrouvé dans la chambre.

— Le cadavre ! fit M. Cofineau (car c'était ce rentier innocent). Mais il y a erreur !

— Aucune, répliqua imperturbablement Peconvente. — Je le reconnais !

— Racontez-nous le crime vous-même.

— Le crime ! Un crime pour avoir reçu un soufflet de ma femme, à qui j'avais apporté un melon gâté et pour avoir jeté ledit melon par la fenêtre !

— N'espérez pas nous en imposer. Nous allons d'ailleurs vous mettre en présence de la pièce à conviction.

Les agents soulevèrent brusquement la serviette et, à la lumière du gaz, un cantaloup apparut, veuf de sa queue et légèrement aplati.

Ce fut d'abord un murmure de déception, puis un grand éclat de rire.

— Est-ce que vous vous êtes fiché de moi ? dit furieusement le commissaire à M. Peconvente.

— Au fait, je vous reconnais aussi, moi, fit M. Cofineau, reprenant soudainement son aplomb. C'est vous, voleur, qui m'avez vendu ce matin ce melon, qui a failli amener un malheur dans mon ménage et pour quoi je suis traîné ici comme un vif criminel.

— Le fait est qu'il est de bien mauvaise qualité, fit l'agent Lapétasse qui s'y connaissait.

Le commissaire, comprenant tout, fit des excuses au ménage Cofineau, mais il retint au poste M. Peconvenis pour avoir voulu se moquer de la justice. Le public fut indigné qu'il n'y eût pas eu vraiment un bon assassinat. Au reste, les malins disent encore qu'on a étouffé l'affaire parce que M. Cofineau était parent d'un huissier très influent. On cause encore mystérieusement du crime de la rue Marais dans le quartier.

Et maintenant si quelqu'un me blâme d'avoir écrit cette histoire incongrue à propos d'un événement lamentable et qu'il ne convenait pas de plaisanter, je répondrai que j'ai moins cherché à en tirer de comiques effets que messieurs les médecins légistes consultant les entrailles de la fille Léa pour s'assurer qu'elle n'avait pas été enlevée à l'estime de Fouinard par une fausse digestion.

SOMNAMBULISME

SOMNAMBULISME

I

La belle et poétique histoire que vous conta si bien, un jour, mon ami Maurice Montégut, m'en remit une autre en mémoire, une histoire des temps heureux où je portais un printemps dans mon cœur, même aux jours mélancoliques de l'automne. Car c'est durant mes vacances que se passa l'aventure, mes vacances de grand garçon déjà portant le claque et l'épée; vous vous souvenez bien, quand j'étais si follement amoureux de ma cousine Guillemette. Ah! Guillemette! ne le suis-je donc plus que votre nom si souvent revient sous ma plume et que votre image passe sous mes yeux, blonde et comme un frisson d'or occidental sur l'eau fuyante de mes souvenirs? Vous étiez l'âme de ce calme paysage, où ma pensée retourne volontiers quand elle a soif d'un peu de ciel bleu tout illuminé d'espérance. Je vous revois dans le grand jardin descendant jusqu'à la Seine, où j'aurais bien perdu un millier de Paradis, s'il m'en avait été repris un chaque fois que j'ai volé une pomme pour vous l'offrir. Avec quel entrain vous les mangiez, ces pommes dérobées! Les petits pépins noirs jaillissaient sous vos dents blanches et c'était un craquement voluptueux en diable sous vos lèvres gourmandes et luisantes. Vous avez épousé un homme sérieux et ajouté à ce premier tort celui de ne le jamais tromper, même pour moi. Vous n'avez pas l'esprit de famille, Guillemette, et vous n'avez pas assez médité cette pensée profonde de Balzac : « Un cousin c'est plus qu'un frère. » Mais je ne vous chercherai pas querelle aujourd'hui. Hélas! j'en ai perdu des milliers de Paradis quand vous avez donné à un autre les rondeurs divines de votre gorge et les blancheurs immaculées de vos épaules, la caresse tant rêvée de vos bras et la splendeur devinée de vos hanches, vos jambes au glorieux dessin, vos petits pieds à la cambrure insolente, enfin ce que le roi Salomon appelle discrètement dans le *Cantique des Cantiques*; *et quod intrinsecus* (ne prononcez pas : « entre ses cuisses ») *latet*, nom de Dieu, Guillemette! vous m'avez plus volé de bonheur que je n'ai chipé de reinettes à ma grand'tante!

II

Oui, c'était dans cette campagne voisine de Paris où je passais les deux plus beaux m is de l'année. On y recevait souvent des visites, ma grand'tante étant très mondaine, la pauvre femme, comme toutes celles qui avaient trouvé la solitude longue pendant les guerres de Napoléon. C'était, dans la maison, un défilé de gens de naissance et de curés en villégiature Bonnes gens, au demeurant, que tous ces abbés, et aimant la table en même temps que le prochain, ce qui, n'en déplaise aux personnes sans piété, n'a rien de contradictoire. Mon cousin Athanase, qui avait quelques années de plus que moi et était un esprit for', les blaguait volontiers. Mais, moi, j'aimais infiniment leur onctueuse et digestive compagnie. C'est cette bourrique d'Athanase qui m'annonça l'arrivée de Mme des Engrumelles et de sa fille Zoé. Bien que plus âgée aussi que Guillemette, cette demoiselle avait été sa camarade de couvent et elle nous en avait souvent parlé. Belle, intelligente, romanesque, ainsi nous l'avait-elle dépeinte. Elle avait ajouté : « A la pension, elle se levait souvent la nuit et se promenait dans les dortoirs sans avoir conscience de sa promenade et sans se réveiller. » — Somnambule ! avait insinué Athanase d'un air conquérant, nous laisserons notre porte entr'ouverte !

Quand nous fûmes seuls, il m'expliqua son inconvenante pensée. Qui sait ! Mlle Zoé aurait peut-être la fantaisie nocturne de venir flâner dans son appartement. Il ne croyait guère à ces comédies de jeunes filles ! Le machiavélisme de ce drôle me révolta d'abord et m'indigna au plus haut point. Mais voyez le rapide chemin que fait la perversité dans l'âme humaine. Deux heures après, deux heures passées à m'indigner d'abord, puis à me raisonner : — Tiens ! pen ai-je, moi aussi je ne donnerai pas mon tour de clef ordinaire.

Ces dames arrivèrent pour le dîner, et je fus ébloui de la beauté de Mlle Zoé. Elle n'avait certes pas le charme discret, pénétrant, impossible à repousser de votre façon d'être, ô Guillemette, ni vos jolis yeux de pervenche, ni votre sourire de sphinx bon enfant. Mais quelle imposante personne, avec sa lourde chevelure noire, se regards dominateurs, et comme elle vous emplissait un fauteuil ! Il n'y fût pas resté de quoi placer un journal. Elle m'en imposa énormément par ce côté monumental et majestueux. A table, elle parla de l'hymen mystérieux des âmes et mangea comme quatre. Eh bien, quoi ! c'est comme pour les curés. On peut bien avoir à la fois de la poésie et de l'appétit, une âme pleine d'envolées et un excellent estomac. Moi je suis pour les mystiques qui se nourrissent bien. Les autres ne sont que des farceurs qui veulent vous faire prendre leurs fausses digestions pour des élans vers l'infini. Dans le monde meilleur où Jehovah m'attend, je choisirai pour société les saints ayant de l'embonpoint, et je fuirai les ascètes comme une peste. Quant aux saintes dodues, elles auront exclusivement ma clientèle. Mais n'anticipons pas sur des événements d'ailleurs douteux.

III

O heure inoubliable! Athanase avait donc laissé la porte de sa chambre entr'ouverte, et moi, sans pousser aussi loin l'audace d'une invitation directe, j'avais mis la mienne tout contre, si bien qu'il n'y eût qu'à la pousser du bout du doigt pour entrer. Athanase enrageait, d'ailleurs; car, au point de vue topographique, j'étais mieux situé que lui sur le chemin probable de la somnambule. Il avait tenté de retrouver ses avantages en ne la quittant guère de la soirée et en la contemplant avec deux grands yeux blancs qu'il croyait rendre fascinateurs. Sans connaître la théorie récente de la suggestion, il l'avait un instant devinée. Il avait concentré toute sa volonté sur son désir et entendait imposer celui-ci, en vertu d'un pouvoir occulte qu'il croyait sentir en lui. Nerveusement, honteusement, à la dérobée, il esquissait des passes comme celles qu'il avait vu faire aux magnétiseurs forains. Pauvre magicien! Pendant ce temps-là, Mlle Zoé était à la fois éthérée et somnolente, comme une personne qui a coutume d'élever sa pensée vers les choses immatérielles et qui a fait quatre heures de diligence avant son repas. Athanase et moi, nous échangeâmes deux regards défiants et sournois en nous serrant la main pour le bonsoir. Et vous, Guillemette? innocente Guillemette! vous ne deviniez rien de tout cela! Vous faisiez à votre amie un tas de petites caresses exquises, en la reconduisant chez elle, un bougeoir à la main.

Minuit!... Une superbe nuit d'automne avec une belle lune d'argent qui avait étendu sur l'étang une nappe blanche pour le mystérieux dîner des esprits des bois. Ceux-ci passaient dans le feuillage avec de petits ricanements railleurs et affectueux. C'était au dehors une véritable féerie sous les yeux clignotants des étoiles. J'allais néanmoins m'assoupir, indifférent à ces splendeurs enchantées, quand un bruit très léger de pas se fit dans le couloir. Une angoisse aimable et douloureuse tout ensemble m'étreignit. Les pas s'arrêtèrent devant ma porte. Je vis nettement celle-ci s'ouvrir et un bras de femme la pousser lentement. Zoé! Mlle Zoé certainement qu'attirait vers moi la sympathie inconsciente dont Athanase m'avait parlé. Enfoncé, Athanase, avec ses passes et ses charlataneries! Dieu ne s'y était pas trompé. Un frisson de volupté indicible me mordit à l'échine quand l'ombre dont je distinguais vaguement les formes sans en reconnaître les traits s'avança par ma chambre, comme hésitante encore et cherchant son chemin. A mon étonnement elle ne se dirigea pas vers mon lit, mais vers ma table de travail. J'y avais laissé un sonnet commencé pour

Guillemette et quelques autres feuilles couvertes d'amoureuses écritures. Par une étrange fantaisie, elle se mit à les froisser entre ses doigts. J'étais un peu vexé, mais comment s'opposer au caprice d'un être dont la volonté est esclave d'un phénomène? Elle fripa donc odieusement ces chers papiers, puis se remit à errer, toujours sans venir à moi. Mon carton à chapeau était grand ouvert dans un coin de la chambre, un carton à chapeau en cuir tout neuf qui m'avait coûté les yeux de la tête. Ne fit-elle pas le geste de s'y asseoir!... Éperdu, je voulus protester... Mais Athanase m'avait prévenu qu'on risque de tuer net un somnambule en le réveillant en sursaut. S'assit-elle vraiment? Le fait est qu'elle demeura, un bon moment, plus petite de moitié qu'elle ne m'était apparue. Et, durant ce temps-là, elle articula les sons les plus étranges... on aurait juré... Mais non! Athanase m'avait également instruit que le sommeil magnétique change complètement le timbre de la voix des personnes endormies... C'était indistinct, confus, roulant et essoufflé. Des vapeurs me montèrent au visage tant était grande mon émotion. L'ombre se redressa tout à coup et, avec un soupir de soulagement, sortit majestueuse et sans plus s'occuper de moi que si je n'eusse jamais existé.

IV

— Eh bien? me demanda le lendemain matin Athanase.

— Rien! lui répondis-je en me sentant malgré moi l'air penaud.

— Nous l'avons échappé belle, mon vieux! continua-t-il en riant, ce qui acheva de me décontenancer. Sais-tu ce que Mme des Engrumelles, la mère de Mlle Zoé, disait tout à l'heure tout bas à notre vieille grand'tante, mais pas si bas que moi qui écoutais à la porte (canaille d'Athanase!) je n'aie entendu?

— Quoi donc?

— Elle lui disait : « Ma chère amie, je vous dois avouer que j'ai eu cette nuit la plus abominable colique que j'aie eue de ma vie et que, ne connaissant pas les êtres du château et n'ayant jamais pu faire prendre une allumette, ma foi, j'ai été je ne sais où.

Je le savais bien, moi! Ce me fut un trait de lumière. Tout mon amour d'un soir pour Mlle Zoé s'était évanoui et je ne vous en aimai que plus passionnément, ingrate Guillemette!

RÉVÉLATION

RÉVÉLATION

I

Depuis que M. Taylor, renonçant prématurément à son titre de baron, s'est consacré à la sécurité des criminels, par curiosité personnelle autant que pour satisfaire mes instincts policiers, je me suis livré à mille investigations hardies et je puis dire que mes découvertes suffiraient à faire la gloire de vingt chefs de la Sûreté. Seulement il ne me convient pas d'en faire profiter la Préfecture, étant tout à fait résolu à n'en pas accepter les présents. Je travaille en dilettante; je mouchards en amateur; je file en gentilhomme. Mon répertoire des cocus de Paris en est déjà à son dixième volume. Mais je donnerai l'ordre à mes héritiers de le brûler après ma mort. Et je n'y fais figurer que les c eus honteux dont tout e reste du monde ignore l'infortune. Pour ceux qui sont notoires, je ne m'en occupe même pas. Ainsi, des quelques crimes que les agents découvrent à leur corps défendant, il ne sera pas parlé dans mes mémoires. Rien que de l'inconnu. Rien que de l'inédit. Si vous saviez comme les hypothèses auxquelles se livrent les journaux dès qu'une femme est débitée en côtelettes me font rire! Un mot de moi et toutes ces fantaisies de reporters tomberaient dans le néant! Pour une fois cependant, comme on dit partout excepté à Bruxelles, je vais vous initier aux resultats d'une de mes dernières recherches. Il s'agit en effet du repos de plusieurs fami les. Vous allez en juger. Dans le nombre infini des personnes qui disparaissent actuel ement, c'est à peine si quelques jo rnaux ont signalé le fait; mais voici plus de quinze jours qu'on est sans nouvelle aucune d'une noce comprenant les mariés, leurs proches, leu s témoins, leurs garçons et demoiselles d'honneur, sans compter leurs amis et leurs invités. C'est même parce que tous ceux qui connaissaient les nouveaux époux étaient de la fête qu'il ne reste personn , dans leur voisinage et le monde de leurs connaissance , pour en demander des nouvelles et s'enquérir de leur destin.

II

Vous savez, comme moi, où se terminent, chaque samedi, les mariages de petits commerçants. On s'en va, tout de suite après le déjeuner dînatoire de rigueur, au Jardin d'acclimatation. C'est tout naturel d'aller visiter les bêtes quand on vient de faire soi-même une bêtise. Je vous recommande les cortèges qu'un souffle de Paul de Kock semble pousser vers les amusements faciles qui précèdent le suprême amusement. Un joli jeu que je vous signale : deviner, parmi les godelureaux qui s'empressent autour de l'épousée, celui qui aura l'heur de déshonorer le premier son mari. Vous pouvez jurer à l'avance que c'est celui à qui ledit mari témoigne le plus d'affection cordiale, à moins qu'il n'en fasse son bouffon, ce qui est un caractère encore plus certain. S'il l'appelle en riant : « Ce pauvre Athanase ! » vous êtes sûr que ce sera prochain... surtout si le godelureau se laisse blaguer avec complaisance. Il y en a, après tout, de gentilles parmi ces jeunesses coiffées d'oranger, et le petit air niais qu'elles se croient obligées de prendre n'est pas autrement déplaisant. Très amusant aussi de reconnaître celles qui ont déjà vu le loup, ce qui devrait être rare en France. Car les loups y sont devenus des mythes auxquels font seuls semblant de croire les lieutenants de louveterie. Eh bien, on en rencontre cependant de ces demoiselles qui, certainement, ont déjà fait l'essai loyal de l'institution qu'elles viennent d'accepter définitivement. Le plus souvent l'amant est là, un monsieur à l'air plus respectable que les autres et qui s'occupe que tout le monde s'amuse bien. On est toujours content d'avoir bien casé sa maîtresse. C'est un sentiment de bonté auquel les sots pourraient seuls trouver à redire. Mais au fait, mes amis, au fait! Je ne puis vous nommer les époux dont je vous vais dire l'aventure, mais seulement vous apprendre qu'ils appartenaient à deux familles du Marais exerçant de fort honorables négoces. Suivant la tradition, ils s'étaient rendus, en corps, au lieu que j'ai dit et venaient d'y faire beaucoup de remarques saugrenues sur les habitants de l'île de Ceylan (ou des environs, — j'entends du reste du globe), — qui y sont actuellement exhibés. C'est alors que le boute-en-train traditionnel proposa une partie à dos d'éléphant. L'idée parut charmante et tous se hissèrent sur l'échine rugueuse, que nivelle une plate-forme de bois, du pachyderme patient qui sert d'ordinaire à ces promenades. Quelques dames avaient leurs enfants sur leurs genoux.

III

Les premières brumes du couchant descendaient sur le jardin. L'attention du public déjà plus rare, était concentrée sur je ne sais quelle jonglerie de ces sauvages pour rire, quand soudain l'éléphant porteur de la noce obliqua subitement, enfonça d'un coup de tête la palissade qui sépare les Cynghalais de leurs visiteurs, et se rua dans l'enceinte où ceux-ci exercent le culte d'un dieu innomé dans les Mythologies. Cela fut si soudain que son cornac lui-même n'eut pas le temps de protester contre cette évolution inattendue. O Amour, voilà bien de tes traits!... Que vient faire ici l'amour? m'allez-vous dire. Comment! ce que vient faire l'amour dans un mariage? Eh bien, ce n'est pas des jeunes époux qu'il s'agit, je l'avoue, mais de l'éléphant. Celui-ci avait aperçu, parmi les animaux appartenant aux nouveaux venus, une jeune éléphante qu'il avait jadis aimée au pays de l'ivoire, à moins qu'elle ne lui rappelât simplement une ancienne maîtresse dont le souvenir lui était demeuré vivant au cœur. Ces bêtes-là n'ont pas coutume de marivauder, et la scène allait devenir prodigieusement inconvenante, si les deux amoureux (ce ne sont pas les mariés encore) n'avaient été immédiatement soustraits aux regards de la foule et poussés dans le vaste hangar qui sert d'arche de Noé à ces hommes en chocolat. Je vous laisse à deviner les impressions de la noce, toujours huchée sur son vivant promontoire, et dont les cris se confondaient avec le vacarme des danses exotiques. Cette leçon d'histoire naturelle en plein vent pouvait être instructive, mais venait vraiment mal à propos. Il ne convient pas que je vous dise jusqu'à quel point elle fut poussée. L'éléphant est d'ordinaire un animal très chaste qui dissimule ses débauches à tous les yeux... Mais celui-ci avait tant souffert!...

IV

La nuit venue, le cornac vint réclamer son pensionnaire aux sauvages de profession. Mais, à la surprise générale, il avait disparu en emmenant sa charge et sa bonne amie. Le hangar, largement éventré à coups de défenses, trahissait le secret de leur fuite. Où étaient-ils allés? Une battue fut inutilement faite dans le jardin et n'amena que la découverte d'un nombre considérable de rats. Le voisinage fut interrogé. Quelques maraîchers extraordinairement matineux affirmèrent qu'ils avaient vu passer deux voitures de déménagement d'une forme singulière, et, qu'au haut de l'une d'elles, des gens gesticulaient qu'ils avaient pris pour des pochards en goguette. C'est tout ce qu'on put apprendre à Neuilly. A Fontainebleau, deux élèves de l'Ecole d'application, qui rentraient un peu tard, firent une remarque analogue le lendemain. Puis rien! plus rien! M. Taylor, informé, était immédiatement parti pour Dieppe. Il ne faut pas que ce mystère vous étonne outre mesure. Les éléphants sont des bêtes intelligentes et prudentes. Suivant toutes les apparences, ceux-ci ne voyagent que la nuit et se cachent, durant le jour, dans les bois ou dans les lieux déserts. Eh bien, et la noce? Toujours en place. Heureusement qu'un des garçons d'honneur avait chipé un saucisson tout entier au restaurant et une bouteille de bordeaux. Sans quoi se seraient renouvelées les horreurs du radeau de la Méduse. Car, impossible de descendre, à cause de la hauteur et des précautions qu'on prend pour empêcher les promeneurs de tomber. Ils purent aussi cueillir des noisettes au passage, ce qui leur fit un dessert agréable après cette charcuterie. Aussi cheminèrent-ils, sans mourir absolument de faim, dans leur direction de sud-est, attirés par les montagnes abruptes de la Savoie et du Dauphiné. Mais là le fourrage vint à manquer aux pachydermes, qui n'eurent pour se soutenir que des cultures d'absinthe et d'anis, cette contrée étant par excellence celle des alcools savoureusement parfumés. L'anis fut fatal aux deux éléphants. Tout le monde connait les vertus carminatives de cette plante, mais peu de personnes savent ce que sont les expansions naturelles de ces gigantesques bêtes. Une véritable canonnade s'engagea entre celles-ci, mais si formidable, que la garnison de Briançon prit les armes et que le ministre de la guerre se transporta immédiatement sur les lieux (encore le secret d'un voyage ministériel que je trahis pour vous). Actuellement, les deux éléphants évadés ont éclaté et la noce que portait l'un d'eux a été recueillie par d'excellents montagnards qui lui reconstituent des estomacs avec du lait. Dénouement vraiment bucolique d'un drame terrible, dont je n'ai voulu vous conter les péripéties que pour vous annoncer le salut d'une vingtaine de braves gens très regrettés dans leur quartier. Un effet heureux de cette aventure, c'est que la mère de la mariée n'eut rien à lui apprendre au seuil du lit conjugal.

LE PENDU

LE PENDU

I

Êtes-vous comme moi ? J'adore ces jardinets citadins que le goût exaspéré des floraisons et des verdures pend à certaines maisons parisiennes. Je les adore, bien qu'ils rappellent peu la splendeur des parcs aériens de Sémiramis. Quelques pieds de vigne vierge, une clématite, un aristoloche, le serpentement d'un cobéa, le caprice d'un pois de senteur, la mélancolie d'un rosier grimpant, c'est quelquefois tout, et c'est assez pour que la blancheur monotone de la maison en soit égayée. C'est quelquefois même bien moins : un pot de géranium, de fuschia ou de pensées qui s'épanouit à une fenêtre. Je ne me suis jamais pris à railler cet amour désespéré des fleurs. J'ai vu de ces balcons ainsi parés qui étaient d'ingénieuses merveilles, si bien que les bourdons s'y venaient abattre et que les papillons eux-mêmes, trompés, ces papillons blancs qui passent au-dessus des maisons, s'y venaient poursuivre dans le parfum mourant de ces plantes exilées. Mais pourquoi plaindrais-je celles-ci? Elles n'ont pas, il est vrai, comme dans les parterres authentiques, le premier baiser si doucement mouillé de l'aurore, ni la fraîcheur des caresses du soir, ni la divine musique dont les berçaient les oiseaux frémissants dans l'ombre. Mais c'est toujours une fantaisie féminine qui les a ainsi condamnées à un rapide déclin dans l'haleine brûlante des cités, et la main cruelle qui les arrose, pour prolonger leur supplice, est douce et blanche comme celle qui nous égratigne le cœur. J'ai souvent envié leur destin. Et cependant, à peine défleuries, elles sont rejetées sans remords, vivaces encore et prêtes à des renouveaux, jetées au tombereau matinal qui passe avec un cahotement triste sur le pavé. Eh bien, après? La femme ne nous brise-t-elle pas aussi? N'effeuille-t-elle pas à tous les vents ce qui fut le meilleur de notre âme, quand le charme menteur qui nous faisait croire à sa tendresse est rompu? Il y a quelque chose de fraternel dans l'amour que je porte à ces roses, à ces héliotropes emportés plus près du ciel, mais qui en retomberont pour ne plus jamais refleurir.

Un des plus jolis balcons de la rue Pigalle, qui en compte plusieurs charmants, était certainement celui de Mme Bergace.

II

Elle avait coutume de dire que son amitié pour les fleurs lui avait toujours porté bonheur. Elle lui devait, en effet, d'avoir trouvé un mari, bien que n'ayant pas un sou de fortune. M. Bergace était un excellent homme, un bureaucrate justement aimé de ses chefs, possédant d'ailleurs de petites rentes personnelles, bourgeois comme pas un, croyant ferme encore à Jenny l'ouvrière et qui s'en était amouraché rien que pour l'avoir vue soigner, tout un printemps, un pied de marguerites derrière lequel elle cousait, tout en regardant un peu dans la rue. C'eût été simplement stupide, si, à ce goût pour l'horticulture et à cette fidélité aux vertueuses traditions de l'aiguille, Hélène, — ainsi s'appelait cette demoiselle, — n'avait joint un fort joli visage pimenté par le retroussis mutin de son nez, mais encadré d'une magnifique chevelure et surmontant un corps d'un admirable et vigoureux dessin. C'est à elle que le poète Voiture eût pu dire :

Les dieux qui règnent dessus nous,
Assis là-haut sur les étoiles,
Ont un moins beau siège que vous !

Le fait est que la lune elle-même eût supporté malaisément la comparaison. Un peu de sédentarisme ne messied pas au développement de cet astre familier qui demeure, avouons-le, une des grandes joies de la vie de ménage. Je n'ai jamais compris comment les Anglais pouvaient rester une heure chez eux, avec si peu de divertissement sous la main ! Aussi ont-ils inventé l'existence factice du club, ne rencontrant pas, sous leur toit, l'amusement légitime que nos époux français trouvent postérieurement à leurs foyers. Les Anglaises ne sont pas laborieuses, et ça s'explique aussi. Quand on leur donne un dé à coudre, elles ne trouvent rien de mieux à faire que de s'asseoir dedans. C'est une plaisanterie qu'il n'eût plus fallu proposer à Hélène. Elle se trouvait gênée aux fauteuils d'orchestre de l'Odéon, lesquels devraient suffire, cependant outre l'expérience de M. Porel, à faire de ce théâtre le premier Théâtre-Français et non pas le second. Vous voyez avec quelle chaleur je plaide les circonstances atténuantes à la sottise qu'avait faite ce pauvre M. Bergace en épousant cette charmante demoiselle. Car vous ne m'ôterez jamais de l'idée qu'il eût pu en avoir d'elle tout autant, avec plus d'adresse, en courant de moindres périls, j'entends celui d'être cocu officiellement de par un acte de mariage incontesté. De ce qu'une femme cultive consciencieusement les anthémis sur le rebord de sa croisée, il n'y a aucune raison d'en conclure qu'elle a la vertu d'un dragon. Mais cet homme aimait toutes les régularités de la vie, et son respect des préjugés sociaux eût étonné M. Prudhomme lui-même. Doux, bienveillant, correct, il rendait sa femme parfaitement heureuse. Aussi celle-ci avait-elle coutume de dire aux indifférents qu'elle ne le tromperait pas pour un empire. Et c'était, au fond, la vérité, puisqu'elle l'avait trompé et le trompait encore pour un air de clarinette.

III

Cela était venu le plus simplement du monde, comme tout ce qui est d'ailleurs monstrueux. Car vous avez remarqué, comme moi, que l'invraisemblable règne en tyran sur le monde et que la réalité pourrait, au point de vue de l'imagination, en remontrer aux contes des *Mille et une Nuits :*

> Le vrai peut quelquefois n'être pas vraisemblable,

mais le vraisemblable n'est jamais vrai. L'amant que s'était donné Mme Bergace n'était ni mieux ni plus jeune que son mari, mais il embêtait tout le quartier en jouant d'un instrument ridicule. Il n'en avait pas fallu davantage pour qu'elle l'adorât. Cet amour vivait mitoyennement, dans son cœur, avec une haine, celle de la locataire qui occupait l'appartement au-dessus du sien. L'amour des fleurs dans les villes engendre entre les voisins des rancunes féroces. Mme Bergace accusait cette dame de jeter malicieusement sur son balcon des liquides qui ne sont propices à la végétation qu'en plein air. Ce reproche était-il vraiment fondé? Je m'en moque. Ce qu'il faut respirer, dans les roses, ce n'est pas ce qui se met aux racines. Mme Ventelou, — ainsi se nommait cet unique objet du ressentiment de Mme Bergace, — se plaignait, de son côté, de l'envahissement des plantes grimpantes que les jolis doigts d'Hélène tentaient de diriger pourtant le long des traverses de bois qu'elle avait fait piquer dans le mur, de distance en distance, presque horizontales, à peine inclinées sur la rue et reliées par des madriers verticaux formant une charpente rudimentaire peinte d'un vert bien cru. Mme Ventelou se disait veuve, mais Mme Bergace se faisait fort de prouver qu'elle n'avait jamais été mariée. Aussi la méprisait-elle! Elle la contemplait, du haut de son propre hyménée, comme du sommet d'un promontoire apothéotique et fulgurant, quelque chose comme le buisson enflammé dans lequel Dieu s'était posé pour causer avec Moïse, idée qui ne serait jamais venue à un simple mortel et qui le fit reconnaître immédiatement au prophète. Je ne vous ai pas dit comment s'appelait le clarinettiste, et c'est essentiel cependant, Il se nommait M. Bertrand, et appartenait à l'orchestre des Bouffes-Parisiens. Où le prestige va-t-il se nicher!

IV

Cette Mme Bergace avait raison dans sa superstitieuse pensée. Les fleurs devaient la protéger même dans ses coupables amours. Du reste, les fleurs sont coutumières du charmant métier de servir les amoureux. Ce sont de délicieuses proxénètes. Voyez ce qu'il advint, en effet, un jour que cet animal de Bergace, pris, à son bureau, d'un stupide mal de dents, le quitta de meilleure heure que de coutume, avec l'autorisation préalable de son supérieur hiérarchique immédiat, s'entend. Sa femme était bien tranquille, durant ce temps, avec son musicien, et tous deux vous exécutaient un duo de cors, comme il convient d'en jouer aux maris qui mènent l'état de cerfs et en portent la coiffure. Ils en étaient à l'hallali, qui est, comme on sait, le morceau capital, quand ils entendirent les pas nettement rythmés et remarquables à la régularité de leur cadence de M. Bergace. Car cet homme, systématique en tout, leur eût pu servir de métronome pour continuer le mouvement.

— Ah! mon Dieu! il va me tuer! murmura M. Bertrand qui était brave comme un lièvre.

— Nous sommes perdus! soupira Mme Bergace expirante.

Comme un fou, M. Bertrand s'était précipité à la fenêtre. Mais comme l'appartement était au quatrième, il renonça vite à sauter dans la rue. Eperdu, en se ratatinant, en se mettant à croppeton, à une des traverses de bois qui soutenaient l'échafaudage végétal et fleuri de sa bien-aimée. Il arriva à y faire un rétablissement sur les coudes assez heureux, mais bast! ses sacrées jambes, qu'il avait très longues, passaient encore et on les voyait osciller du haut de la croisée qui s'ouvrait sur le balcon.

M. Bergace entrait à ce moment, son mouchoir sur la joue.

Sa femme avait repris ses sens et sa présence d'esprit. Avant même qu'il eût rien remarqué:

— Ah! mon ami! s'écria-t-elle, un malheur affreux! Un homme qui s'est pendu au balcon de notre voisine. Voyez ses jambes plutôt! Je meurs d'horreur et de saisissement. Il agonise; il ne remue plus!

— Je vole à son secours! s'écria le généreux Bergace en se dirigeant vers l'endroit fatal.

Mais Hélène se cramponna résolument à sa redingote:

— Non! non! Onésime! au nom du ciel. Je ne le souffrirai pas. Il n'y faut pas toucher avant d'avoir prévenu le commissaire.

M. Bergace s'arrêta net. Telle était en lui la vénération de l'autorité. Il appartenait à cette école d'humanitaires éclairés qui ne touchent ni à un noyé ni à un pendu, celui-ci fût-il encore entre la vie et la mort, devant que la police ne fût arrivée. On doit à ces philanthropes la consécration définitive des suicides les plus compromis.

— Tu as raison! ma femme! fit l'innocent.

Et il descendit quatre à quatre, pendant que Bertrand se sauvait sur ses talons.

Plus personne de pendu quand la magistrature arriva en maugréant. Mme Bergace s'était évanouie à nouveau, pour n'avoir pas à déposer. L'opinion générale, émise tout d'abord par Bergace, fut que cette canaille de Mme Ventelon, se sentant compromise, avait fait disparaître le cadavre. Elle dut quitter la maison devant l'exaspération de la rue tout entière et après une perquisition injurieuse dans ses foyers. Mme Bergace continua à cultiver les roses avec la sérénité d'une personne à qui sa conscience ne reproche rien et M. Bertrand persiste à traverser les oreilles de ses contemporains avec les sons de vrille qui avaient séduit la femme du bureaucrate consciencieux. Celui-ci s'est fait arracher sa dent malade et rien ne troublera plus, je l'espère, le bonheur de ces braves gens.

ANGELUS MILITAIRE

ANGELUS MILITAIRE

I

— Il est, me dit le conseiller municipal Coquenard, une économie qu'il faudra bien que nous finissions par réaliser, ne fût-ce que pour donner une leçon au gouvernement.

Et comme je l'écoutais avec l'admiration respectueuse que j'apporte à tout ce qui touche aux affaires publiques :

— C'est, me dit-il, l'économie du coup de canon qui marque midi au Palais-Royal.

Et comme le conseiller municipal Coquenard est un philanthrope, il continua ainsi avec beaucoup d'éloquence :

— Nous ferons sentir ainsi au pouvoir que, nous autres Parisiens, nous ne voulons plus de guerres lointaines et encore moins de guerres rapprochées. Assez longtemps les peuples ont vécu séparés par des mers de sang. Le règne de la fraternité universelle est certainement venu. Tout emblème des discordes internationales doit disparaître à jamais. Savez-vous pourquoi nous tenons tant aux bataillons scolaires? C'est parce qu'ils montrent clairement aux yeux que le métier de soldat est un jeu d'enfants, comme saute-mouton et la bloquette, bon pour divertir le premier âge, mais indigne des grandes personnes. C'est un succédané du biberon et une variété du cerceau et de la corde à sauter. Mais le canon du Palais-Royal! Une institution monarchique au premier chef! Voilà ce qu'a trop longtemps toléré la patience des édiles. N'était qu'il s'obstine, par habitude, à ne partir qu'à midi, c'est certainement lui qui aurait donné le signal de la Saint-Barthélemy.

J'avoue que, par l'instinct de contradiction que je mêle à ma benoîte attention pour ce genre de discours, je me pris à défendre l'innocente pièce d'artillerie que je voyais si violemment menacée. J'insistai d'abord sur ses services scientifiques. Elle fait revivre, pour le populaire, une des plus glorieuses imaginations d'Archimède, et quand les savants de l'Observatoire se sont mis dedans par la sublimité de leurs calculs, elle leur rend la notion exacte du temps. Mais que d'autres propriétés aimables! Elle rend sourds presque tous les commerçants du quartier, ce qui leur permet de vous donner autre chose que ce que vous leur demandez. Rarement, d'ailleurs, cette erreur leur est préjudiciable. Sans cette couleuvrine de famille, les amants seraient surpris les trois quarts du temps par les maris, qui rentrent très exactement pour déjeuner. C'est la sécurité des tendresses pures dans une notable fraction d'arrondissement, Quelle diversion utile aussi aux désespoirs des dîneurs à prix fixe, nobles étrangers qui s'étonnent de la renommée de la cuisine française!

Ainsi poursuivais-je mon panégyrique quand mon vieil ami l'amiral Le Kelpudubec m'arrêta net :

— Cette discussion, me dit-il, me rappelle une des histoires les plus amères de ma vie.

Et, croisant ses longues jambes de héron, il continua comme il suit :

II

— C'était pendant le congé où je pris du service dans la presqu'île de Tulipatan (ne pas confondre avec l'île qui n'a jamais existé que dans l'imagination des vaudevillistes). La presqu'île avait un gouvernement ami du nôtre et j'avais obtenu cette autorisation, sans grand'peine, de lui consacrer mon intelligence et mes lumières de lieutenant de vaisseau. Car c'était le grade que j'occupais alors. On me nomma immédiatement commandant du port le plus considérable de la contrée, avec des appointements de ministre. Mais je n'étais pas sans une certaine inquiétude sur leur payement, non pas que j'eusse affaire à un peuple malhonnête, mais parce que je remarquai par une étude sommaire du budget du pays que ma solde absorberait, à elle seule, le montant de ses contributions. Pour faire immédiatement sentir mon influence bienfaisante, je piochai donc la question financière à un double point de vue : celui de nouveaux impôts et celui d'économies nouvelles. Ecraser un peu plus les pauvres diables et diminuer le salaire des autres fonctionnaires, c'était simple comme bonjour, d'autant plus simple que j'avais la confiance absolue de la reine.

— Comme autrefois Concini, sous les tyrans! fit le conseiller municipal Coquenard avec une grimace où son mépris pour les monarchies anciennes se lisait en traits affreux.

— Non, monsieur, pas comme Concini, répondit vivement l'amiral. Bien que fort joli garçon à cette époque, déjà grand et éminцé comme je suis aujourd'hui, je n'étais pas l'amant de cette régente exquise. Ma délicatesse naturelle ne se prêtait pas au métier de favori. Et puis, c'est pour le coup qu'elle aurait négligé de me payer mon traitement! Non! je n'étais pas son amant, et j'y avais d'autant plus de mérite que je ne semblais pas lui déplaire et qu'elle me plaisait incontestablement. Une boulotte, mais une si charmante boulotte! Des rondeurs partout! un tas d'oranges savoureuses!... Oui, brune comme une orange! Elle était sage, mais par orgueil, j'en suis convaincu, bien plus que par tempérance. Car tout disait en elle les chaleurs d'un sang vierge et brûlé de soleil. Tout, l'éclat extraordinaire et pénétrant de ses yeux noirs, le luisant de ses lèvres toujours humides comme si le rêve venait d'y mettre un baiser, le frémissement inquiet de ses mains transparentes et vibrantes. Plus je me la remémore, plus je constate que j'ai été un imbécile en cette occasion. J'aurais dû la pousser à émettre un emprunt, ce qui lui eût permis de me payer une année de traitement à l'avance, — et ma mission ne devait durer qu'un an, — après quoi j'aurais eu mes coudées franches et j'aurais pu faire le joli cœur tant que je l'aurais voulu. J'aurais même pu devenir roi du pays, si elle eût consenti à m'épouser, Le Kelpudubec Ier...

— Ou Le Kelpudubec XVI avec la guillotine pour dernier chapeau, interrompit le conseiller municipal Coquenard, avec un air extrêmement farouche...

III

— J'arrive au fait. Parmi les mesures que je méditais pour réprimer le coulage dont les fonds publics étaient l'objet, toujours pour consolider l'intégrité de mes émoluments, était la suppression de deux coups de canon ridicules qui se tiraient à l'extrémité de la rade, l'un au petit jour et l'autre au moment où le vent commençait à tomber. C'était, à vrai dire, la seule distraction de la population, et elle remontait à l'introduction de la poudre dans le pays. Les savants allaient même jusqu'à lui accorder une importance religieuse, ce peuple ayant autrefois adoré le soleil. C'était un bonjour et un adieu au père de la lumière, à l'astre rayonnant qui fait mûrir les vignes et les moissons : une sorte d'*Angelus* militaire! C'était pittoresque et d'un grand effet dans le silence bruyant des vagues, et cet éclair mettait dans les brumes comme une fusée de sang clair... Mais je me fichais pas mal de cette légende et de cette poésie. Chacune de ces détonations revenait à 1 fr. 50, je dis : trente sous. C'était du gaspillage au premier chef, et je m'étais bien promis d'y mettre bon ordre.

Justement ma gracieuse souveraine venait inspecter le port dont j'avais le commandement, et je lui en devais faire les honneurs dans les moindres détails. Quand le soir vint, j'étais encore absorbé par cette agréable occupation, quand le coup de canon vespéral retentit :

— C'est superbe! fit la reine qui avait de grands instincts admiratifs.

— Oui, Majesté, mais coûteux, répondis-je en prenant la balle au bond.

— Que coûte ce spectacle magnifique?

— Trois francs par jour, vin non compris. Car jamais cet inutile vacarme n'a réchauffé le cœur comme un bon verre de bourgogne.

— Trois francs!

Et Sa Majesté demeura pensive. J'ai su depuis que, le jour même, son ministre des finances lui avait refusé net cette somme pour laquelle elle était poursuivie par son pâtissier.

— Nous supprimerons cette dépense, fit-elle avec une solennité douce et résignée.

J'étais littéralement enchanté.

— Et nous en ferons autant pour le Palais-Royal, en faisant valoir cet antécédent! fit le conseiller municipal Coquenard.

IV

Le lendemain, poursuivit l'amiral, je me levai dès le matin, *a custodià matutina*, comme dit le psalmiste, pour aller intimer à l'artilleur ordinaire de ce réveille-matin l'ordre de se tenir tranquille. J'avais rêvé à la reine toute la nuit et me trouvais dans d'extraordinaires dispositions amoureuses. Tout était expansion en moi, exhaltation de mon être vers la nature. Vous connaissez tous ce curieux effet de béatitude qui vous pousse hors de vous-même, pour ainsi parler, vers l'infini fraternel des choses. Mon cœur battait, ma poitrine haletait, mon ventre même, mon semblant de ventre se gonflait voluptueusement... Prout! Un bruit sec et tonitruant, comme une fanfare de délivrance, me soulagea soudain de ce côté.

Un éclat de rire aigu, cruel, plein d'une belle humeur désespérante, retentit derrière moi.

Je me retournai. Ciel! c'était la reine, aussi matinale que moi! Peut-être aussi, elle, avait-elle rêvé!

— Commandant, me dit-elle, voilà une nouvelle économie que nous pouvons faire.

Et, appelant son ministre des finances, elle lui enjoignit, en ma présence, de me retenir trois francs par jour sur ma solde jusqu'à expiration de mon mandat. Elle paya son pâtissier avec le premier de ces versements involontaires. J'étais furieux. Mais que faire? Avec les grands, il est toujours dangereux d'avoir le verbe trop haut.

— Même quand on parle, comme vous, le langage des cours, fit le démocrate Coquenard.

LA NEUVAINE

LA NEUVAINE

I

Pourquoi diable! Hermance, belle femme, — vous l'êtes encore, à damner un saint et à faire loucher votre ange gardien; — pourquoi, diable! avec les plus jolis yeux du monde, une chevelure avec laquelle Betsabée eût bravé les regards indiscrets de

David, une bouche pareille aux roses du Paradis terrestre, une gorge où se complaît le rêve, des bras que la Vénus de Milo eût choisis pour les siens ; — oui, pourquoi, diable ! vous la séduction, le charme, vous la beauté souveraine et le vivant sourire de la vie, avez-vous épousé ce vilain magot de M. Mirepet?

Une situation honorable dans le monde, je le sais, en un temps où la magistrature était tenue en estime pour son intégrité routinière mais incontestable. Mais cela avait-il suffi à vous compenser tous les travers de cet époux si peu digne de votre lit? Bancal, bègue et borgne, c'est beaucoup pour un même homme. La nature avait conçu celui-là dans un but certain de décentralisation. On ne pouvait pas dire de lui, comme Hugo dans l'immortelle *Chanson des Bois* :

> Tout aimait, tout faisait la paire.

Je puis vous le dire à présent : il y eut de mauvais sourires dans l'église quand on vous y vit entrer, blanche, éblouissante, toute coiffée d'oranger à côté de ce magot cyclopéen, bredouillard et vulcanesque. De méchantes gens pensèrent que le dernier mot du mariage ne se dit pas sous les musiques de l'orgue et dans la fumée des encens. Ils pensèrent à votre nuit de noces et à cette profanation de votre admirable personne, à ce sacrilège dont vous vous faisiez la volontaire complice... Ah ! mes amis, mes amis, ne jetez pas trop la pierre à cette pauvre Hermance, à moins que vous n'en ayez quelqu'une dans la vessie qui vous incommode et vous paraîtrait mieux à sa place dans le jardin d'autrui. Hermance n'avait aucune fortune. Il lui fallait en passer par M. de Mirepot ou par sainte Catherine. C'est un triste choix. Elle prit M. Mirepot. Dans l'immorale société où nous avons l'honneur de vivre et où quatre sous sont tenus pour davantage que la splendeur du corps et du visage, où la femme qui ne se vend pas sur le trottoir se débite, dans les mairies, au plus offrant; où la pauvreté, cette sœur glorieuse de l'honneur, est tenue pour un mal plus redoutable que la gale, la teigne et même la politique, il ne faut pas être trop sévère aux jeunes filles qui cèdent à ces honteux entraînements du mariage quand même. Pour la femme contemporaine, un mari est rarement l'amour, mais il est souvent la liberté.

II

Pourquoi diable! Hermance, n'étant pas de fort grande dévotion intérieure, vous voit-on si souvent aux basses messes matinales avec un livre à la main? Vous ne semblez pas une personne de tempérament mystique ou de ces âmes inquiètes qu'endort la parole du prê re comme un bercement monotone mais doux. La musique des versets sacrés ne paraît pas aller beaucoup plus loin que votre oreille, et c'est d'ailleurs tant pis pour vous; car elle est adorable cette musique faite de terreurs prédites et de mystérieuses tendresses où s'exhalait la prière confuse du monde enfant. C'était, tout à la fois, l'éveil de l'Idéal dans la pensée humaine et le vagissement divin de la Poésie dans les cœurs. Mais, au fond, Hermance, elle ne vous émeut guère et les oremus ne vous troublent pas dans votre glorieuse tranquillité de femme bien sensuelle à qui l'Infini et sa conquête importent moins qu'une heure de volupté. Alors, Hermance, pourquoi diable toujours sur le chemin de la paroisse, dès que la cloche rend à l'Aube son bonjour frémissant, dans le tressaillement des choses ranimées par le jour? Seriez-vous une hypocrite, ma mie? Fi! le vilain et gros mot pour une faiblesse bien naturelle! Comment sortir dans une petite ville provinciale, autrement que pour aller à l'église, quand on a à faire ailleurs le matin? Non, mais je vous trouve, mes amis, d'une austérité ridicule vis-à-vis de cette pauvre femme! Il est presque certain que si elle eût dit en face et tranquillement à son mari : « Mon ami, je vous quitte avec plaisir pour vous aller faire cocu avec plus de plaisir encore », M. Mirepel, bien que de nature débonnaire, eût fait quelque observation empreinte d'amertume ou de mauvais vouloir. Nous vivons dans un temps de préjugés où les choses les plus naturelles ont besoin de se dissimuler pour être non pas acceptées, mais avalées comme des pilules. Il ne faut jamais s'en prendre aux personnes des infirmités de leur époque. Pour la femme contemporaine, le mari est rarement un bon conseiller, mais presque toujours une excellente dupe.

III

Vous savez maintenant comment s'y prenait cette excellente dame Mirepet pour tromper son époux le matin. Il vous reste à apprendre comment elle le trompait dans l'après-midi. Oh! bien simplement. Son amant, le capitaine Baudrille, lui rendait avant le dîner la visite qu'elle lui avait faite avant le déjeuner. En province on est volontiers susceptible : on compte les visites. Simple formule de politesse de la part de ce capitaine Baudrille qui était un homme bien élevé. Les souverains eux-mêmes ne font pas autrement quand ils vont les uns chez les autres. On se quitte au palais pour se revoir une heure après à l'ambassade. Mme Mirepet allait voir le capitaine pendant que M. Mirepet consultait ses dossiers et le capitaine allait voir Mme Mirepet pendant que M. Mirepet était à l'audience. Ainsi aucun temps n'était perdu dans ces deux existences bien réglées. Les philanthropes se demandent quelquefois à quoi sert le crime dans l'humanité? Mais à permettre aux magistrats d'être cocus... comme les autres. Seulement Mirepet en abusait vraiment. Il exploitait positivement les vices de son siècle pour se procurer cet agrément personnel. Deux fois par jour! Décidément tout était biscornu dans cet homme, même son front.

IV

Donc, un jour que Baudrille accomplissait sa besogne méridienne, durant que le magistrat administrait des bons mois de prison autour de lui, il arriva qu'une affaire fut inopinément remise à quinzaine. L'audience devait durer, dans les prévisions générales, pour le moins cinq heures, et était réduite à une séance de deux heures et demie. Mon Mirepet en profita pour rentrer chez lui, où je vous jure qu'il n'était nullement attendu. Vous me croirez, si cela vous plaît, mais il n'était autrement nécessaire à la petite fête qui se passait dans son appartement. Il avait, il est vrai, un rôle dans cette comédie, mais à la cantonade seulement. Travers commun à tous les comédiens, il faut toujours qu'ils se montrent! J'ai voulu démontrer un jour à une jeune tragédienne que le rôle le plus beau de la tragedie d'*Esther* était celui de la reine Vasti dont on parle, mais qui n'y parle pas, et qui est pourtant le seul personnage vraiment intéressant de la pièce. Elle refusa absolument de me croire. Elle préféra jouer cette pécore d'Esther. Elle fut même médiocre, ce que j'avais prévu. Je sais des artistes qui sont excellents dans le rôle de Tartufe pendant les deux premiers actes, ceux où l'on ne le voit pas, et qui gâtent tout en s'obstinant à jouer les trois autres. O gloriole des fils de Thespis! Moi, si j'eusse abordé le théâtre, je n'eusse pas été ainsi. Je me serais contenté de représenter le souverain sous le règne duquel se passait l'action, à la condition toutefois qu'il n'y fût pas compromis. Je reviens à mon Mirepet. Il arrivait vraiment là moins bien que Mars en carême. Quand Mme Mirepet reconnut son pas claudicant dans l'escalier et comprit qu'il allait entrer dans la chambre où elle était en train de deviser avec le capitaine, elle eut d'abord une terreur folle et pâlit affreusement. Puis une résolution soudaine et ingénieuse tout à la fois lui vint à l'esprit. Elle s'élança au-devant du trouble-fête, et au moment même où il tournait la clef dans la serrure, lui ouvrit brusquement la porte au nez. Puis, vigoureusement, elle lui colla la main sur le seul bon œil qu'il eût et lui demanda : « Qu'est-ce que vous voyez ?... » — « Moi ! Ri... ri... ri...en ! » fit le pauvre homme, en cherchant inutilement à se dégager de cette étrange caresse. Mais, lui fermant la paupière plus hermétiquement encore : — « Si ! si !... continua-t-elle. Regardez bien, et dites-moi ce que vous voyez ! » — Durant ce curieux interrogatoire, le capitaine avait remis silencieusement son haut-de-chausse et filait derrière le magistrat, toujours captif et ahuri, maugréant et se débattant.

Quand Mme Mirepet fut assurée qu'il était déjà au bas de l'escalier, pour le moins, elle découvrit subitement l'œil de son mari, et se laissant tomber sur une chaise, commença à se lamenter déplorablement, disant : « Na ! na ! mon chéri ! mon pauvre petit chéri, est-il vrai et seulement possible que vous n'ayiez rien vu !

Mirepet se mit à la consoler sans rien comprendre à sa douleur, murmurant des : « Ma pau, ma paupau, ma pauvre pe, petit, petiti, te fem, te femme. »

— « Hélas ! reprit Mme Mirepet, j'avais fait un si beau rêve et je me croyais si bien exaucée du Seigneur. Imaginez-vous, mon ami, que j'avais rêvé, cette nuit, que vous y voyiez maintenant des deux yeux. Allons ! je recommencerai demain mes neuvaines ».

Le pauvre magistrat fut très ému de cette preuve de tendresse que lui donnait cette femme admirable vraiment. Il lui fit don, à cette occasion, d'une belle chaîne en or dont elle avait envie depuis longtemps. Et elle tint parole. Elle était le lendemain à la messe de six heures du matin, et, avant deux heures de l'après-midi, le capitaine était venu dire chez elle les vêpres, auxquelles il ajouta, pour cette fois, un salut solennel parce que c'était la Saint-Pantaléon, nom de son patron dans le ciel.

MA PREMIÈRE CHASSE

MA PREMIERE CHASSE

Mon oncle Gédéon était certainement un des chasseurs les plus sérieux que j'aie jamais connus. C'était un quinquagénaire (pouah ! que c'est mesquin !) à principes, et qui n'admettait pas qu'un homme fût vraiment un homme sans avoir foudroyé quelques cailles, pour faire acte de virilité. Il n'avait pas de pareil pour dire, sans éclater, que la chasse était l'image de la guerre. Et l'oncle Gédéon était bon juge dans la matière, ayant fait toute sa carrière dans l'enregistrement. De ses campagnes bureaucratiques il n'avait gardé qu'une certaine difficulté à s'asseoir... Mais il n'en était pas moins glorieux, affirmant que cela lui venait de nuits passées à l'affût, et criant que de telles blessures en valaient bien d'autres reçues plus haut et de l'autre côté. Ça, c'est une affaire de goût.

Donc l'oncle Gédéon vint trouver mon père qui était son cadet et lui dit avec une certaine solennité railleuse : — J'espère bien que tu ne vas faire de ce garçon-là (c'est de moi qu'il parlait) une femmelette. Il va sur ses dix-sept ans et il est temps de lui apprendre à manier le fusil. — Mais il n'aime que les bouquins, répondit mélancoliquement mon père. — Parce qu'il n'a pas tâté de la rude vie au grand air avec les bonnes fouettées de brise au visage, avec les promenades soucieuses l'arme sous le bras, avec la délicieuse fatigue du carnier trop lourd sur l'échine! Va ! va ! quand il en aura goûté, tu verras s'il ne campe pas là Horace et Virgile. Confie-le-moi seulement pour l'ouverture de la chasse et, à la fin de la journée, je te ramène Nemrod ou Hippolyte. — J'aimerais mieux Hippolyte, répondit en souriant mon père qui prisait la chasteté pour une très haute et très délicate vertu, opinion que je partage en la rehaussant encore par beaucoup de platonisme. Car je ne suis pas volontiers de ceux qui abaissent leur jugement jusqu'à la pratique... J'écoutais tout cet entretien avec fort peu d'enthousiasme. Car l'idée de tuer des animaux qui ne m'ont rien fait ne me vient pas volontiers à l'esprit. Vous riez de ma répugnance à cet endroit? ma chère! — Eh! mon Dieu! pour vous seule, je la surmonterais, fallût-il étrangler, pour vous le servir, le plus beau canard de ma volière. Je suis, à ce point de vue, comme le gentilhomme pauvre mis si délicieusement en scène par La Fontaine dans le conte du *Faucon*. Mais dans tout autre cas... ! Enfin, l'idée de passer une douzaine d'heures en tête-à-tête avec mon oncle Gédéon, qui était un bien honnête homme mais joliment bourrique, n'était pas pour me tenter infiniment! mon père vit ma grimace et dit à son frère : — Va, ce sera pour une autre année. Rien ne presse. — Tant pis! reprit celui-ci, nous aurions fait un rude déjeuner à la ferme des Saulayes! — Je changeai immédiatement de figure : — Je pars avec vous, mon oncle, fis-je avec résolution. — Tiens! je ne te croyais pas gourmand, fit mon père... Le pauvre homme! Comme il me connaissait mal!... Ah! si, je n'étais gourmand! mais pas des choses qu'il croyait. Il y avait à cette ferme des Saulayes, Mlle Adèle, une rustique personne qui avait bien quatre ou cinq ans de plus que moi, mais dont je me sentais endiablé, bien qu'elle eût toujours l'air de se moquer de moi et de mes timides façons. C'était une sorte de servante maîtresse qui menait tout là-bas. Brune avec de beaux yeux bistrés, je la vois encore. Et une taille! Quand elle venait, pour le marché, conduisant elle-même une petite voiture dont l'osier c. antait sous son poids, il me montait, à la voir passer, comme des fusées de sang au visage et tout mon corps tremblait dans un immense frisson de désir. — Tope là! fit mon oncle, en me tendant la main. Tu

ne seras pas une poule mouillée comme ton père.
Le jour de l'ouverture, j'étais le premier prêt.

Une magnifique promenade, en effet, dans un superbe paysage que les premières mélancolies automnales emplissaient de rêves, où les papillons blancs poursuivaient l'heure des amours désespérées; un paysage très doux, bordé de verdure se rouillant déjà; des chemins moissonnés y craquaient sous les pas et de gros bourdons s'envolaient des plantes sauvages. On marchait dans une façon de brume où le soleil levant mettait de vagues rougeurs absolument virginales. Mon oncle disait un tas de sottises dans ce décor admirable où le silence eût été si bon! — Séparons-nous, me dit-il, pour nous retrouver à la route des Saulayes. — Ah! comme j'étais content! J'allais pouvoir penser à Mlle Adèle sans entendre son bavardage! Et je pris, en effet, une joie non moins infinie que solitaire à cette occupation. Tout un poème d'amour et de jeunesse chantait en moi, accompagné par l'orchestre des oiseaux modulant dans les haies. C'était délicieux vraiment... Pan! pan!... de temps à autre, une double détonation me réveillait en sursaut. Mon oncle qui faisait quelque massacre vraisemblablement. Que vous m'apparaissiez charmante, ô Adèle, dans ce demi-sommeil de ma pensée tendue vers vous! Vous aviez dénoué votre noire chevelure et deux mèches énormes, ramenées sur vos épaules, vous battaient lourdement les seins, vos seins où deux fraises attiraient ma bouche. Vous étiez très bonne dans mon imagination. Vous ne me railliez pas, mais vous

vous prépariez à enlever votre chemise pour m'être agréable. Un nuage de volupté me passait sur les yeux... Pan! Pan! encore mon oncle. Mais plus près. Il venait voir ce que je faisais. Bon! il débusque d'un coin de bois. — Ah çà! tu ne tires donc pas, animal? — Avez-vous été heureux? lui répondis-je doucement. — Non! J'ai déjà manqué deux lièvres et cinq perdreaux... Manqué, non! Mais incomplètement tué. Ils auront été mourir dans quelque haie, avec mon plomb dans l'aile ou sous le poil... Et mon oncle jura abominablement. Car ce bureaucrate paisible à l'ordinaire se croyait obligé de blasphemer horriblement à la chasse. Il pensait que Dieu ne le reconnaîtrait pas, si ridiculement accoutré, et punirait quelque braconnier à sa place. Car il avait horreur des braconniers. Il les accusait d'être sauvages et cruels. Eh bien! et vous, vieille baderne? — Tu sais, me dit-il, si tu continues à ne rien viser, je ne te ramène jamais à la ferme, à midi!

Et il disparut de nouveau en faisant péter les noms de Dieu comme un païen.

Moi je continuai à évoquer le fantôme déshabillé de Mlle Adèle; mais pour donner une satisfaction morale à un homme à qui, après tout, je devais le respect, je déchargeai mon fusil à plusieurs reprises, après m'être assuré toutefois qu'il n'y avait aucun gibier devant moi qui pût être atteint par ma meurtrière rodomontade. Pas de chance! je faillis blesser un moineau qui, Dieu merci! en fut quitte pour sa peur... comme moi. Entre temps, je me penchais sur la route et j'y cueillais un tas de fleurs sans noms, dans ma mémoire, mais exquises avec des parfums très subtils comme en ont les herbes dont la science des jardiniers dédaigne les épanouissements pleins de fantaisie. J'en fis pour Mlle Adèle un bouquet très gros que je mis dans mon carnier, enveloppé dans mon mouchoir, pour que mon oncle ne se moquât pas de moi. Mais la rondeur de ma gibecière fut la première chose qui le frappa en arrivant à la ferme. — Ah! ah! mon gaillard, je vois que tu as repris ta revanche! me crie-t-il gaiement. Montre-moi ça. — Plus tard, fis-je très embarrassé et tout rouge. Et vous, mon oncle? — Les noms de Dieu recommencèrent à péter. Il tira cependant de sa carnassière un chat étripé. — Voilà, me fit-il, une sale bête qui mangeait tout le gibier. J'en ai débarrassé le pays.

— Ah! mon Dieu! Moumouth! s'écria Mlle Adèle qui venait nous recevoir sur le seuil. Et elle dit à mon oncle : — Vous avez fait là un beau coup. C'était lui qui mangeait toutes nos souris. Et elle avait des larmes dans ses beaux yeux, la bonne fille! Ah! comme j'aurais jeté mon oncle par la fenêtre avec une joie respectueuse! Quelle jolie entrée pour moi!

Mon oncle Gédéon était encore à s'empiffrer dans la haute salle, — car il avait attrapé un gros appétit, à défaut d'autre gibier, — quand je dis, bien résolu, à Mlle Adèle, entre deux portes : « Adèle, je vous adore, et j'ai cueilli ces fleurs pour vous. » Et je lui tendais mon bouquet. Elle le prit sans me rire au nez et me regarda un instant. — « Adèle, poursuivis-je, subitement encouragé, je vous aime de toute mon âme, plus que le ciel, plus que ma vie... Ah!

laissez-moi espérer qu'un jour... » Elle m'interrompit : — « Venez me dire ça là-haut », fit-elle. Comme elles ont raison, ces filles de la campagne, de ne pas remettre au l ndemain, par de dangereuses coquetteries, ce qui, retardé, se mêle au flot banal du temps perdu !... Je la suivis. Il y avait, près du grenier, une chambre qui ne paraissait pas habitée souvent ; dans cette chambre, un lit où il ne semblait pas qu'on eût couché depuis longtemps. Elle s'assit au bord du lit, peut-être parce qu'il n'y avait pas de chaises, et me passa les bras autour du cou, vraisemblablement pour se donner un peu d'assiette sur le siège glissant. J'étais encore très niais, mais pas cependant au point de lui laisser, comme Joseph, un veston dans les mains. Vous me permettrez de sauter quelques pages de mes mémoires à cet endroit... Oh ! la délicieuse après-midi ! Une de ces journées chaudes d'automne qui sont les meilleures pour ces intimes et innocentes voluptés. Mon rêve s'était réalisé. Mlle Adèle avait ôté sa chemise ! J'y avais joint, comme réalité, l'ablation de la mienne. Adam et Eve sur un grabat ! — Ah çà ! où es-tu ? cria brutalement mon oncle. — Nous ne fîmes qu'un saut, Adèle et moi. Nous nous aperçûmes alors, en même temps, que nous ressemblions à deux gros oiseaux. Voici le fait dans toute sa rigueur : on se sert encore, à la campagne, de lits de plumes ! le nôtre avait cédé et s'était ouvert sous nos jeux, la toile usée ayant craqué en maint endroit (nous ne nous en étions même pas aperçus !) Si bien que, dans l'état de moiteur où nous étions, cet infernal duvet s'était collé à notre peau. Nous eûmes d'abord grande envie de rire. —

« Attends un peu, animal, que je te découvre! » hurla mon parent impatienté. Sans perdre une minute, sans prendre le temps d'arracher de mon épiderme ce ridicule vêtement de poussin nouveau né, je remis mon habit à la hâte et sautai dans l'escalier : — « Me voici ! me voici! mon oncle. J'étais allé dormir là haut! » — « Feignant! » me répondit-il. Adèle était déjà là, tranquille comme une madone de bréviaire (oh! les femmes!) et faisant solder à mon oncle notre repas. — « Vous mériteriez bien que je vous fasse payer mon pauvre Moumouth! » lui disait-elle d'une voix qui me donnait la chair de poule, comme j'en avais déjà le plumage sous mes habits. Elle me serra, à moi, la main délicieusement derrière mon dos où je l'avais passée.

Mon oncle se remit à jurer en marchant devant moi.

Nous étions rentrés, fous de fatigue. — Ah çà! maintenant, tu vas me montrer ta chasse! fit mon oncle devant mon père.

Je montrai ma gibecière vide et plate comme une sole de restaurant à prix fixe.

— C'est un peu trop fort! cria mon oncle. Il y avait quelque chose dedans avant le déjeuner!

— Je vous jure que je n'ai rien tué.

— Fichu maladroit!

— Eh bien, et toi, fit doucement mon père. Il me semble, mon pauvre Gédéon, que tu n'en as pas tué davantage.

Cette remarque imposa silence au chasseur. Mon oncle devait coucher dans ma chambre, et j'eus grand'peur qu'il n'eût éteint la lumière avant de me déshabiller (ce qu'il fit d'ailleurs avec une politesse et un égoïsme parfait pour dormir plus vite), afin qu'il ne vît pas mon vêtement de volatile, dont je me débarrassai à grand'peine avec une serviette légèrement mouillée, en me frottant légèrement dans l'ombre. Puis je m'endormis d'un profond sommeil, oubliant tout, même les jolis nénés d'Adèle.

Quand je me réveillai le lendemain au grand jour, mon oncle Gédéon était debout devant mon lit, contemplant sérieusement, anxieusement, malicieusement et avec un nouveau sourire, tout ce plumage répandu à terre.

— Et tu dis que tu n'as rien tué, menteur? Quand tout cela est certainement tombé de ton carnier ou du fond des poches de ta blouse?

J'étais interdit et muet.

Il reprit avec une colère curieuse :

— Allons! ne me trompe pas et je ne dirai rien à ton père. A qui as-tu donné l'oiseau que tu portais sur toi ce matin ?

— A Mlle Adèle, lui répondis-je en rougissant. C'était pour son chat dont elle avait si grand besoin d'être consolée.

LE QUART-D'HEURE DE RABELAIS

LE QUART-D'HEURE DE RABELAIS

I

Tout le monde avait connu à Toulouse les demoiselles Calpestrou dont le père, simple entrepreneur de bâtisses, avait fait une fortune considérable. On en disait bien un peu de mal, dans le pays, du brave homme, et notamment qu'il avait volé une bonne partie de ce qu'il possédait. Mais on ne lui en voulait pas pour cela, au contraire. Le Midi, terre chérie du soleil, est indulgent aux heureux. C'était un malin que ce Calpestron. On ne l'estimait pas simplement beaucoup; on l'admirait un peu. Quant à ses filles, deux d'entre elles étaient justement citées pour leur beauté sans défaut, et les godelureaux des allées Lafayette s'écrasaient les pieds, dans les foules dominicales, pour les voir de plus près passer dans le rayonnement de leurs grâces éclatantes. Brunes toutes deux, mais pas du même brun, Hélène ayant, sous la peau, le sang d'une pêche, et Claire, au contraire, presque pâle avec d'admirables matités sur le visage; celle-ci était comme un fruit en plein vent que le soleil a largement doré; celle-là ressemblait à une de ces fleurs de serre que caressent, seuls, les rayons argentés de la lune, sous la transparence des vitrages. Même chevelure noire, d'ailleurs, d'un noir où semblaient courir des veines de lapis; mêmes dents blanches, d'un blanc laiteux passant, en mince filet, sous le double carmin du sourire. Hélène était robuste et dodue, d'une santé vigoureuse et pleine de chaudes promesses; Claire n'était pas moins solide, au fond, mais une langueur très suave baignait toute sa personne; l'une riait et l'autre souriait. L'une regardait à pleins yeux, de beaux yeux étincelants; l'autre, entre ses cils, de côté, comme les violettes qui se cachent dans la profondeur des mousses. Le plus grand nombre tenait pour Hélène et les délicats pour Claire.

Nec wellrum infer nos fautas componere lites.

Depuis que M. le ministre fait la guerre au latin, Virgile et Horace protestent dans ma mémoire.

Laquelle auriez-vous préférée, vous ? Moi, je serai net. Si j'avais été sûr d'être venu rapidement, j'aurais volontiers épousé Hélène en attendant Claire. Mais ce sont des hasards heureux sur lesquels il ne faut compter jamais. C'est tout de même joliment embêtant de penser qu'on meurt sans avoir possédé un millième peut-être du nombre des femmes dont on a eu envie. C'est par cela même que s'impose victorieusement le dogme de l'immortalité. Il me faudra bien passer encore dans une soixantaine de planètes pour toucher à toutes les joies dont mon désir a avancé les arrhes. Je n'admets pas un seul instant l'insolvabilité du Dieu qui s'est si fort engagé vis-à-vis de moi. Au fait, je n'aurai le plaisir d'épouser ni Hélène ni Claire. Deux drôles ont pris les devants (ce mot équivoque n'est pas de moi). Vous me direz qu'il me reste à prendre quelque chose ?... Oui, mon parti, et c'est ce que je fais. Hélène était devenue madame la comtesse de Petensac, et Claire madame la baronne de Belvès. La noblesse est pauvre là-bas et s'encanaille volontiers, dans le mariage, pour le devenir un peu moins.

II

Eh bien, mais la troisième demoiselle Calpestrou? Nous n'en parlons donc pas? Pauvre Ursule! — C'était son nom. — Oui, pauvre, car le Destin qui lui avait donné comme à ses sœurs, une tête charmante, l'avait posée sur un cou trop court, presque à même les épaules qui ne faisaient qu'une et se renflaient postérieurement comme si on leur eût caché une citrouille dans le dos. Si vous n'avez pas compris qu'elle était dégoûtamment bossue, c'est que les nouveaux systèmes d'instruction publique vous ont, par avance, empli le cerveau de gênantes vapeurs. Oui bossue, la pauvre! Irrémédiablement bossue, car son beau profil s'accentuait fâcheusement au menton mignonnement galoché. C'est le signe sans merci. Elle avait, de plus, beaucoup d'esprit et les yeux d'un éclat extraordinaire, ce qui ne présage rien de bon pour la rigidité de la taille. Au dedans... Ah! que faut-il que je vous révèle? Une braise dans ce foyer difforme; un océan de tendresses dans ce vase mal venu; un immense désir de plaire dans ce corps déplaisant; des sens merveilleux sous cette ridicule enveloppe. Jamais contraste plus cruel et jamais réalité plus lointaine du rêve. On eût dit que c'était en tombant du ciel qu'elle s'était ainsi brisée et ratatinée. Elle ne perdait rien d'ailleurs des méchants regards qu'on échangeait sur son passage et en souffrait abominablement. Mais le mal ne la rendait pas méchante et elle n'avait, à l'endroit de ses sœurs, aucune rancune jalouse. Celles-ci mariées, on commença à lui faire la cour, à elle, et pour le bon motif, je vous en réponds. De bons petits gentilshommes dépenaillés de monnaie, qui n'eussent pas été fâchés de se refaire une situation dans le monde. Mais, je vous ai dit qu'Ursule était remarquablement intelligente. Elle ne se faisait aucune illusion sur le désintéressement des aveux murmurés à son oreille. Cette musique sonnait faux, et elle avait l'oreille juste. Elle éconduisait donc sans colère tous ces pourchasseurs d'écus, résolue qu'elle était de coiffer sainte Catherine; mais je vous jure que si son bonnet lui était glissé jusqu'au derrière, il y aurait pris feu certainement.

Je ne voudrais pas déshonorer toute une classe de la société, et j'ajouterai qu'il y avait d'excellents roturiers, d'authentiques manants parmi les drôles qui poursuivaient le chimérique espoir d'attraper, dans les jupes de sa troisième fille, les derniers écus du père Calpestrou.

III

O fragilité de nos desseins, humaine fragilité qui faisait rêver Hamlet et dont les bossus eux-mêmes ne sont pas exempts! Il suffit qu'il apparût pour qu'elle changeât de résolution, la pauvre Ursule. Le fait est qu'il était de belle figure, de prestance irréprochable et portait, dans toute sa personne, mieux que sur ses parchemins, son titre de marquis. Oui, marquis! Les deux autres, celles qui étaient droites, n'avaient eu que du fretin nobiliaire. Comtesse de Potensac, passe encore! Mais baronne de Belvès? Est-ce que vous trouvez que cela sonne bien? A la bonne heure, monsieur le marquis de Roqueminette! C'est pimpant et ça sent les Croisades. Un Roqueminette avait tenu la gale du roi saint Louis lui-même qui ne donnait la main qu'à ses amis. D'autres Roqueminettes, postérieurs à cet ancêtre pustuleux, s'étaient illustrés dans des travaux de chambre. Plusieurs, entrés dans les ordres, s'étaient distingués dans la culture des langues savantes. Il n'y avait pas un chat, à vingt lieues à la ronde autour de leur château féodal, qui ne connût les Roqueminettes. Celui-là était le dernier du nom et n'avait pas un maravédis (j'ai entendu prononcer : un mauvais radis, dans le monde) vaillant. Il n'était plus un jouvenceau précisément et passait pour avoir fait beaucoup la noce, à Toulouse d'abord, puis à Béziers, berceau de sa famille, où il était revenu, ses études terminées. Vous savez que les Biterrois sont de terribles viveurs. J'en ai connu qui envoyaient leurs enfants à Paris pour leur éviter les mauvais exemples. Ce suprême Roqueminette passait pour avoir fait des victimes sans nombre et la chose n'avait rien d'invraisemblable. Car il était bâti comme Hercule, large d'épaules, avec l'air tout à fait entreprenant. Les hommes le disaient mauvais coucheur. Mais les femmes paraissaient convaincues du contraire. Pour le commun des martyrs, promettre et tenir sont deux. Mais on se contait à l'oreille, entre petites dames potinières, que pour lui c'était quelquefois cinq ou six. Bonne renommée vaut mieux que ceinture dorée, en cette matière surtout où le premier soin est de retirer sa ceinture. Si ce n'était pas tout à fait un vert-galant, c'était encore un galant mûr à peine. Je vous ai dit qu'Ursule portait en elle un incendie, un Ilion en flammes. Le marquis lui apparut comme un pompier dont elle pouvait attendre un solide secours. On ne manque jamais d'excellents raisonnements pour faire une sottise. Il ne l'aimait pas certainement, il ne pouvait pas l'aimer... Mais, qui sait? Enfin, elle consentit à devenir marquise, M. de Roqueminette n'ayant exigé, pour lui conférer ce titre, que le versement au préalable, entre ses mains, d'une modeste somme de huit cent mille francs dont il avait besoin pour rasséréner quelques dettes criardes, et la rédaction d'un excellent contrat qui lui en assurait autant, en lui reconnaissant cet apport fictif dans la communauté.

Le mariage se fit à l'église Saint-Étienne, avec infiniment de solennité.

IV

La chambre nuptiale doucement éclairée par une lampe d'un bleu pâle. Elle est toute emmitouflée de dentelles authentiques, la nouvelle épousée, et toute frémissante dans l'attente du bien-aimé qui siffllotte un air de gavotte, dans la pièce à côté, tout en retirant son caleçon par simple politesse.

— C'est l'échéance! pense M. le marquis avec une mélancolie résignée. J'aurais mieux fait de ne pas payer mes créanciers. Ce n'est pas moi, mais eux seulement qui ont fait une magnifique affaire. Tout le plaisir est pour eux, et je parierais qu'il est plus d'un de ces faquins qui, à cette heure, se paye de magnifiques femmes, pas bossues du tout, avec l'argent que je lui ai rendu!

Ainsi méditait ce gentilhomme, tout en passant une chemise de nuit fort élégante, toujours par politesse.

Ursule avait vainement enfoui de son mieux sa bosse dans la profondeur moelleuse des oreillers. Quand le marquis fut auprès d'elle, il se sentit tout à fait mal à son aise; après avoir tenté de passer tendrement le bras derrière le cou de sa femme, il sentit qu'il se dérobait et résolut de ne pas insister davantage. Tranquillement il s'accouda sur le traversin, et, comme il avait beaucoup de vivacité dans l'esprit, il commença à raconter, à sa compagne, un tas d'aventures amusantes, les faits divers précieux, toutes les nouvelles de la ville et les derniers propos du théâtre. Puis il ne refusa nullement de lui donner ses vues personnelles sur la politique européenne et la question des Balkans en particulier. Il avait récemment lu, dans la *Revue des Deux-Mondes*, un excellent travail sur les contributions indirectes sous les Ptolémées, et lui en fit un résumé tout à fait intéressant. Comme elle s'obstinait à ne pas s'endormir, il lui récita quelques vers qu'il avait autrefois composés pour d'autres femmes, de petits vers qui ne rimaient pas, mais qui étaient pleins de sentiment. Après quoi, il lui décrivit, d'après ses souvenirs d'un numéro de l'*Illustration*, la réception d'un ambassadeur Birman par le roi de Mésopotamie, avec maint détail piquant sur les costumes.

Tout à coup Mme la marquise qui avait paru longtemps sous le charme de ce discours nocturne, se mit sur son séant, autant que le lui permettait le double derrière, l'appareil à double roulement dont la nature l'avait dotée, et d'une petite voix très claire :

— Dites-moi, monsieur le marquis, fit-elle, vous avez bien touché la dot?

— Parfaitement, chère et bien-aimée madame, et je ne peux que rendre hommage à l'exactitude tout à fait courtoise de votre notaire.

Alors, dardant sur son platonique mari deux yeux qui lui firent peur, tant ils brillaient d'une volonté implacable, elle ajouta sur un ton qui n'admettait pas la réplique, tant il était impérieux et décidé :

— Eh! bé donc?

LA SAINT-FIACRE

LA SAINT-FIACRE

I

Il est nombre de Parisiens, mal versés dans les choses de l'Église, qui s'imaginent que saint Fiacre était le patron des cochers. C'est une grave erreur ecclésiastique et qui montre une ignorance profonde de la légende des bienheureux. Saint Fiacre, qui vivait en 600, longtemps avant l'invention des petites voitures, était jardinier de son état, anachorète par vocation et grand ennemi des femmes, qui s'étaient moquées de lui, un jour qu'il courait par les champs, avec un bâton au derrière pour délimiter sa propriété. C'est un procédé sommaire que nous recommandons à nos résidents pour fi.er gaiement les frontières des pays annexés. Ça fera rire les annexés eux-mêmes, qui n'y sont généralement pas portés naturellement. Je ne serai que juste envers les dames en proclamant qu'elles n'ont pas tenu rancune à ce pieux horticulteur de son manque de courtoisie. Quand les processions étaient encore tolérées par les régimes tyranniques qui, longtemps, ont comprimé en France toute liberté, le beau sexe abondait autour de la châsse où quelque poussière de saint Fiacre était conservée, honneur posthume qu'elles ne me rendront vraisemblablement pas, les ingrates personnes! à moi qui les ai si constamment adorées. Car si jamais les fleurs ont été cultivées par moi, ce ne fut que pour en jeter des bouquets à leurs pieds. Dans une petite ville des environs de Paris, plus loin que le nouveau monde des banlieues découvert récemment par A. Kempis, dans le livre merveilleux de fantaisie et de belle humeur que vient de publier mon ami Émile Goudeau, le bon poète, cette dévotion à saint Fiacre prenait une forme particulière. La paroisse possédait, en effet, non pas d'authentiques reliques de cet ouvrier de l'arrosoir, mais une statue du saint, une statue en bois grandeur nature et d'un aspect tout à fait antique et vénérable. Il y était figuré assis, les deux mains sur les genoux, tel qu'on nous montre quelquefois les rois mérovingiens, avec une chevelure bien raide nettement tranchée au ras du cou. C'était une œuvre d'art médiocre, mais à laquelle s'attachait une touchante superstition. Le jour du 30 août, toute jeune fille nubile qui embrassait cette image dans de suffisantes conditions d'état de grâce était sûre de trouver un mari dans l'année. Que cette fable ne vous induise pas en idées coupables! C'était sur les joues, tout près des oreilles par lesquelles cependant ne se font plus les enfants, depuis que j'ai passé l'âge de dix ans, qu'avait lieu ce chaste baiser. Il y a tout lieu de croire, d'ailleurs, que, dans les séjours bienheureux du Paradis, saint Fiacre et sainte Catherine entretiennent les relations les plus tendues. Mais ce sont choses dont nous n'avons vraiment pas le droit de nous mêler. C'est bien assez de nos rapports ambigus avec l'Allemagne.

II

Or, il y a deux ans, — les décrets étant en pleine vigueur, — la rumeur se répandit dans le pays que, contrairement aux dispositions libérales de la loi nouvelle, la procession reprendrait sa promenade d'autrefois, derrière la statue de saint Fiacre portée par quatre marguilliers gantés de filoselle. Un reposoir serait dressé dans la campagne où les jeunes filles viendraient publiquement donner l'accolade à ce grand dispenseur d'époux. Le nouveau curé, l'abbé Bridouille, fougueux en diable, avait fomenté, dans l'ombre de la sacristie, ce projet d'insurrection. Il faut convenir, d'ailleurs, que l'opinion publique était absolument pour lui. Qui ne regrette, en effet, sauf quelques cacatoës de la démocratie, démodés depuis longtemps, — car les perroquets vivent vieux mais deviennent insupportables dans leur vieillesse, — qui ne regrette, dis-je, le beau et innocent spectacle de ces cérémonies en plein vent qui laissaient sur nos chemins des pétales de fleurs et une douce odeur d'encens? C'était un peu de musique lointaine et pénétrante jetée parmi la cacophonie des intérêts hurleurs dont le bon sens français est actuellement assourdi. Quelqu'un était-il, pour cela, forcé de croire à quelque chose? Non! mais les gens de cœur simple y trouvaient une aspiration vers l'Idéal et les autres un spectacle pittoresque et touchant. Ce que Toulouse a perdu en perdant les processions! Il n'est pas jusqu'aux filles de joie, reléguées dans un quartier décrié de la ville, qui n'y trouvassent autrefois, dans une absolution d un jour descendant sur leurs têtes penchées avec les roses effeuillées, l'oubli de leur vie maudite. Comme elles s'agenouillaient, infâmes et faussement repenties, au bord des ruisseaux qui promenaient encore la fange de leurs nuits par les rues tortueuses et pleines encore de hideux échos!

Mais revenons, je vous prie, à la solennité interdite dont l'abbé Bridouille menaçait la municipalité, au grand applaudissement des bonnes gens, lesquels demeuraient, envers et contre tous, dévotieux à saint Fiacre, et des jeunes filles surtout pour qui la perspective des brevets scolaires ne remplaçait qu'insuffisamment l'espérance d'un mari. M. le maire Sapéton était dans une anxiété épouvantable. Car il avait peur d'un savon terrible du préfet s'il laissait faire et, d'un autre côté, il tenait infiniment plus à sa popularité qu'à ses opinions personnelles, celles-ci se confondant, d'ailleurs, dans cet article unique de son programme religieux et politique : être nommé député. Ah ! l'abbé Bridouille avait eu là une belle idée ! On n'aurait pas pu donner de l'avancement à ce fougueux ecclésiastique ! S'adresser à l'autorité supérieure, c'était aller au-devant d'une aggravation de la situation, si les insurgés passaient outre. Recourir à la gendarmerie, c'était plus dangereux encore, étant donné que la maréchaussée contemporaine est sujette à user du revolver plus qu'il ne convient dans un pays civilisé. Après avoir beaucoup réfléchi, M. le maire Sapéton décida qu'il profiterait de cette journée pour aller faire un tour à ses vignes, lesquelles étaient à plus de trois lieues de la petite ville.

III

Jamais les préparatifs n'avait été aussi somptueux. Un peintre impressionniste qui s'était installé dans les environs pour y faire des études, s'était offert pour repeindre l'image du saint, laquelle était prodigieusement écaillé et en mauvais état; le bois s'était fendu çà et là et, à d'autres places, criblé de petits trous imperceptibles. Il s'en acquitta avec autant de sentiment coloriste que de fantaisie. Quand la statue sortit de ses mains, elle avait les cheveux d'un vert admirable, les yeux d'un jaune éclatant et un tire-bouchon de vermillon sur le nez. Les mains étaient d'un ton violet très doux et les pieds d'un bleu tendre d'une exquise finesse. La robe était multicolore et tout à fait invraisemblable. L'abbé Bridouille fit la grimace d'abord. Mais le peintre impressionniste lui expliqua qu'il voyait les cheveux émeraude, les yeux topaze, le reste comme il l'avait décrit du pinceau, et que tous les gens qui avaient la même vision que lui trouveraient satisfaction à son ouvrage. Il fit d'ailleurs observer très judicieusement à monsieur le curé que les saints étant des êtres quasi mythologiques, il ne convenait pas de les représenter semblables à de simples mortels. J'ai dit que saint Fiacre était représenté assis ; il était, en effet, posé sur un coussin, mais le coussin était vieux en diable, râpé aux angles et déchiré aux coutures. Il faisait pitié et allait déparer absolument le derrière tout neuf du bienheureux. C'est alors que Mme la comtesse de Bizeminet-Monchéry, une vieille cocotte qui s'était acheté une propriété dans le voisinage et se servait du dernier balai qu'elle avait rôti pour asperger toute la contrée d'eau bénite, oui, c'est alors que noble et haute dame de Bizeminet-Monchéry vint sonner au presbytère, une surprise sous le bras. Et quelle surprise, mes bons godelureaux! Un coussin neuf, merveilleusement élastique et dont le mystérieux ressort se dissimulait sous une tapisserie lentement élaborée par la vieille drôlesse, durant les soirs calmes et pleins des souvenirs profanes de sa maturité. En le remettant à l'abbé, elle ajouta quelques mots à son oreille, en gonflant ensuite les joues par une pantomime expressive. L'abbé sourit et lui fit signe, avec sa tête, qu'il avait admirablement compris. Pour le coup, rien ne manquait plus à la splendeur de la cérémonie projetée. C'est M. Sapéton qui aurait bien voulu un coussin comme celui-là, lui qui portait, ailleurs qu'en pleine poitrine, les cicatrices cuisantes encore d'une vie trop sédentaire ! Quand M. le curé reconduisit, après ce cadeau, Mme la comtesse de Bizeminet-Monchéry, il était rayonnant de joie reconnaissante. Elle minaudait, la vieille, et faisait la bouche en cul de poule, comme si le temps de la ponte n'était pas passé pour elle depuis longtemps.

IV

Le grand jour est venu : *Hæc dies quam fecit dominus*, comme dit le psalmiste. M. Sapéton est à ses vignes, et le saint est glorieusement installé dans son reposoir. L'abbé Bridouille a triomphé sur toute la ligne. L'affluence est plus considérable que jamais. Tout le pays est là, sauf les quelques cacatoës qui jabotent dans les cafés et qui bisquent affreusement. La nature elle-même est de la fête. Un magnifique soleil allume d'imaginaires pierreries aux chapes des prêtres et les fumées bleuies de l'encens montent en petits nuages que traverse la lumière, spirales légers qui se perdent dans l'azur comme l'âme d'une fleur s'évapore dans les transparences dorées du couchant. On a dit les prières et chanté les cantiques. Le moment est venu où les aspirantes au mariage, les pucelles impatientes, de blanc vêtues, vont défiler devant l'image, s'agenouillant d'abord, puis se relevant pour la baiser au visage, tout en entourant ses épaules de hêtre, ses épaules insensibles, de leurs bras potelés et virginaux. Pour cela aussi, M. Sapéton aurait bien voulu être à la place de la statue !

Mlle Elodie Coffineau est admise la première à ce touchant cérémonial. Prout ! ne voilà-t-il pas qu'en se séparant du saint, après l'avoir accolé, elle devient toute rouge. Prout ! tout le monde a bien entendu, et de méchants sourires courent par la foule. On ne vient pas à la procession quand on a déjeuné de haricots, que diable !

— C'est certainement l'émotion, pense l'abbé Bridouille.

Et, d'un regard paternel, il rassure l'infortunée qui ne sait où se fourrer.

Mlle Hortense Paquéton vient ensuite. Même pantomime, même prout ! au même moment psychologique. Un léger murmure de surprise monte du populaire, et Mlle Hortense Paquéton est bien près de se trouver mal.

— Quelles sensitives ? pense le pauvre abbé Bridouille, toujours indulgent, mais toutefois légèrement embêté.

Mlle Emma Taupin, une jolie brune comme son nom l'indique, approche à son tour. Elle imite ses compagnes précédentes de tout point. Un prout ! le troisième, suit immédiatement le baiser. Une tempête d'indignation gronde dans l'assistance et la mère de Mlle Emma Taupin lui colle une magnifique paire de gifles.

— Si c'est ça le genre de maris que le saint procure aux jeunesses ! murmure un libre-penseur assez haut.

— Il ne faut pas leur souhaiter beaucoup d'enfants, poursuit un pharmacien athée venu là par désœuvrement.

— Assez, mes frères, s'écrie l'abbé Bridouille, hors de lui. Cela confine au sacrilège et à la profanation. C'est certainement le malin esprit qui s'est caché aux entrailles de ces demoiselles pour élever sa voix perverse au milieu de nous. *Vade retro, Satanas !*

Et le pauvre homme agite si formidablement son goupillon qu'il disperse, sur la tête de ses ouailles, un vol de rhumes de cerveau, comme ces méchants zéphyrs d'octobre qui sont tout chargés de coryzas. Un éternuement général répond à son exorcisme.

Tout à coup, comme éclairée d'une idée subite, Mme la comtesse de Bizeminet-Monchéry se lève, enjambe l'estrade de bois, en montrant des mollets jadis profanes, s'accroupit auprès de la statue, et, du bout de ses doigts gantés, fouille, à la surprise générale, sous la tapisserie qui recouvrait le beau coussin qu'elle avait offert et sur lequel était assis saint Fiacre.

— C'était ça ! fait-elle au curé et elle se précipite pour lui parler à l'oreille.

M. l'abbé Bridouille ne l'a pas plus tôt entendue qu'il éclate de rire ; tout le monde le croit fou.

Et cependant comme c'était simple, petits Bizemmets de mon cœur ! C'était un coussin à air, dernier modèle, que Mme la comtesse avait acheté. Or l'enfant de chœur chargé d'installer le saint sur ce moelleux et élastique siége, n'avait pas manqué de jouer avec le robinet servant à le gonfler et l'avait laissé légèrement entr'ouvert. Chaque fois qu'après avoir baisé l'auguste face de saint Fiacre une de ces demoiselles se relevait, elle appuyait insensiblement sur la statue qui, devenue plus lourde, transmettait la pression au coussin et lui faisait faire prout !

L'abbé Bridouille alla solennellement s'assurer que le robinet était bien fermé, cette fois-ci, et la cérémonie recommença de plus belle. Elodie Cofineau et Hortense Paquéton trouvèrent, elles-mêmes, l'aventure plaisante. Toutes deux furent d'ailleurs mariées dans l'année. Mais la pauvre Emma Taupin garda la paire de calottes que lui avait octroyée sa mère et resta vieille fille. Ce que c'est que la différence des destins ! M. Sapéton, lui, resta bête comme une oie. Une jeune fille trouve encore plus aisément un époux qu'un imbécile de l'esprit.

DERNIER ENJEU

DERNIER ENJEU

I

Coiffé d'un chapeau de paille à large ruban broché, vêtu d'un complet fleur de pêcher du dernier galant, chaussé d'escarpins à la poulaine, notre ami l'ex-lieutenant Blanc Minot regardait tomber une à une, et voluptueusement, dans son verre où l'absinthe avait mis une large émeraude, les gouttes d'eau d'une carafe frappée.

— Tu vois bien cet animal? me fit Jacques en me poussant le coude.

— Parfaitement, Blanc Minot, ton successeur dans les grâces de la commandante.

— Eh bien! mon cher, il m'a coûté un million et une des plus jolies héritières de Paris.

Et Jacques ajouta, comme impatienté du flegme exempt de remords de son ancien rival dans la maison Laripète :

— C'est une sombre histoire et que je te veux conter sur-le-champ.

Nous nous assîmes aussi, le plus loin possible du drôle qui nous avait jetés, par sa vue, dans ce courant d'idées et de souvenirs. Impassible Blanc Minot! Il continuait son petit travail aquatique, en passant sa langue sur sa moustache, en homme qui se dit : Je me fiche pas mal d'avoir brisé l'avenir de Jacques; mais je crois que je vais boire quelque chose de rudement bon!

Et Jacques, sans le regarder davantage, continua comme il suit :

II

— Où Mlle Elodie Van de Veysse, Hollandaise par son père, mais Française par sa mère m'avait-elle remarqué pour la première fois? Je crois que c'était à un bal chez la comtesse Givet de Monchat où je la fis valser. Toujours est-il que cette jeune fille romanesque s'était sérieusement éprise de moi, sans que j'eusse rien fait de bien particulier pour allumer ce feu dans sa personne. Non pas qu'elle ne fût charmante : une blonde merveilleuse qu'on eût dit descendue d'une toile de Rubens, un poème admirable de chair éclatante richement relié en or clair. Mais je la savais beaucoup trop riche pour que je pusse aspirer à sa main et l'idée de séduire méchamment une aussi honnête jeune fille ne me venait pas. Elle était donc doublement inattaquable pour moi, par sa grande fortune et par sa vertu. Ni femme ni maîtresse. J'avais emporté du tourbillon qui nous avait entraînés ensemble le parfum pénétrant mais vague de sa magnifique chevelure, de ses épaules moites et des fleurs qui mouraient dans son corsage, et je me disais que c'était bien tout et que nous ne nous reverrions jamais. Son papa, m'avait-on conté, était en train d'arrondir encore son magot dans les grandes Indes. Je ne regrettai pas de ne pouvoir lui être présenté. C'était, m'avait-on conté, un gros homme très vaniteux, et pas agréable à vivre du tout. Je me répétais tout cela pour me consoler de ne pouvoir être son gendre.

Donc Mlle Elodie Van de Veysse avait gardé mon souvenir à ce point que ma mère me dit un jour, avec une joie rayonnante dans les yeux : « Tu sais, mon Jacques, j'ai reçu une lettre de la comtesse Givet de Monchat ; la jeune personne que tu as fait valser l'an dernier chez elle, a déclaré à ses parents qu'elle resterait plutôt fille que d'épouser un autre

12.

mari que toi! Ils sont furieux, mais ça m'est égal! Fille unique! Quel avenir pour toi, mon enfant! J'attends un avis de cette excellente comtesse. Mais je suis pleine d'espérance. Et ma mère m'embrassa furieusement, comme après une longue absence.

Et cela se passait à Carcassonne où j'étais venu passer deux mois auprès de l'excellente créature qui m'avait porté neuf mois dans ses flancs.

III

Provisoirement et sans être autrement assuré de ce mariage, je me dis que ce que j'avais de mieux à faire c'était d'enterrer la vie de garçon. Ce sont des funérailles généralement gaies et je les voulus excessivement joyeuses. Je fis une noce qui scandalisa la ville tout entière. Blanc Minot était alors en garnison à Carcassonne et nous nous amusâmes infiniment avec les femmes de vie médiocre, voire même de la pire existence. Les braves filles, au fond, que ces méprisables drôlesses! Je mangeai pas mal d'argent que je ne regrettai pas. L'amour ne se vend jamais, mais il se loue quelquefois et jamais assez cher à mon humble avis. Je le trouve étonnamment réservé dans ses tarifs provinciaux. Logiquement ce ne serait pas trop de payer cent mille francs un baiser dans un pays où un petit verre coûte cinquante centimes. Ah! filles folles de votre corps, comme vous savez mal ce qu'il vaut! J'aimerais mieux, aujourd'hui, avoir dépensé trois ans de mes rentes avec une cocotte que de perdre vingt sous au loto. Et pourtant, en fin de compte, je me mis à jouer. Je me mis à jouer dans l'espoir de gagner de quoi continuer la fête avec les gourgandines. Mais je perdais, je perdais toujours. Et cette canaille de Blanc Minot, qui avait beaucoup de chance, m'exhortait à ne me point décourager. Donc une nuit qu'il m'avait déjà gagné tout ce que j'avais sur moi, y compris ma dernière montre et de magnifiques bretelles que ma mère avait brodées pour moi, j'étais affolé positivement. J'avais perdu la tête. Il pouvait bien être six heures du matin et il faisait grand jour. — « Tiens ! dis-je à Blanc Minot, jouons une gifle ! » il recula en me regardant étonné. Je repris : « Celui de nous deux qui perdra ce coup ira donner un soufflet à un monsieur qu'il ne connaît pas du tout, et tant pis si le monsieur se fâche ! — Ça sera très amusant, fit mon bourreau. Mais nous pouvons compliquer le jeu. Si le monsieur se fâche, le souffleteur aura perdu une seconde fois. Si le monsieur garde sa claque, il aura gagné à son tour et il ne restera plus qu'à faire une belle. — Accepté. »

Inutile de dire que je perdis. Je n'avais plus qu'une ressource : trouver un quidam que je pusse calotter sans qu'il se livrât à mon endroit à aucune représaille. Généreux projet, n'est-ce pas ? Mais nous étions gris tous les deux. Tout à coup une idée sublime me vint au cerveau. « A quelle heure passe l'express de Paris ? demandai-je à Blanc Minot. — Dans un quart d'heure ! — Courons à la gare, sans perdre un instant.

Blanc Minot me suivit sans rien deviner de mon projet.

IV

La lourde machine de fer haletait dans l'intérieur de la gare, sous le vitrage tout embué de fumée. Cinq minutes d'arrêt à Carcassonne. Connu du chef de gare, j'avais été admis sans contestation à me promener sur le quai du départ et j'avais emmené Blanc Minot.

Un gros monsieur d'aspect déplaisant vint se jucher péniblement dans son compartiment et avait envahi le coin de gauche, soufflant comme un phoque à la croisée. Je ne le perdis pas des yeux. La machine siffla et le train se mit péniblement en marche avec un grincement de roues et des bruits de chaînes qui se tendent. Alors j'enjambai le marchepied de la voiture, je pris bien mon temps pour sauter ensuite en arrière, mais ce ne fut pas sans avoir abattu une claque formidable sur la joue du gros monsieur d'aspect déplaisant qui hurla, et me cria, en se retournant rouge comme une pivoine, pendant que le train l'emportait :

— Je te reconnaîtrai, galopin.

— Tu as gagné, me dit flegmatiquement Blanc Minot. Il est certain qu'il gardera ton soufflet.

Nous étions déjà hors de la gare.

Quand je rentrai, à huit heures, ma mère était

déjà levée et je me trouvais assez honteux. Mais elle semblait de si bonne humeur que je compris bien vite qu'elle ne me gronderait pas.

— Viens! viens! mon enfant, me dit-elle. Bonne nouvelle!

— Mme Givet de Mouchat a écrit?

— Mieux que cela, Jacques. M. Van de Veysse, le père de Mlle Elodie est venu en personne me demander ta main. Il paraît que cela se fait en Hollande. Il est arrivé hier soir, a couché à la maison, vient de repartir par l'express, et tout est à peu près conclu. C'est un homme très habitué aux affaires. J'ai expliqué ton absence, en disant que tu étais à une de nos métairies, mais il valait mieux vraiment que tu ne fusses pas là. Tu es si étourdi dans tes propos! Tu aurais tout gâté peut-être!

Et ma mère m'embrassait, toujours comme si elle ne m'avait pas vu depuis dix ans.

J'étais, au fond, aussi content qu'elle-même. Je t'ai dit que Mlle Elodie était pourvue de l'aimable embonpoint que j'aime et qu'elle en portait la plus notable partie le où j'aime à le rencontrer. La nature sait bien ce qu'elle a fait en mettant nos mains à hauteur du séant des dames. Il faudrait être un piètre observateur pour n'avoir pas remarqué que, si les singes ont le bras beaucoup plus long que nous, c'est que les guenons n'ont pas de fesses.

V

Ma mère avait invité, pour le lendemain, à dîner mon cousin Anselme, alors procureur de la République à Carcassonne pour lui dire ses espérances. Mais à peine eut-elle nommé M. Van de Veysse que mon cousin répéta :

— Van de Veysse? Van de Veysse? Van de Veysse?... est-ce que ce monsieur n'est pas parti hier matin par l'express de sept heures?

— Précisément. fit ma mère, pendant qu'une vague inquiétude s'emparait de moi.

— Eh bien, nous venons de recevoir une plainte de lui aujourd'hui même. Il paraît qu'un polisson l'a souffleté, au moment où le train partait. Mais il reviendra une fois la première enquête faite ; car il se fait fort de reconnaître, à première vue, son lâche agresseur.

Je devais être vert pomme.

Et mon cousin poursuivit sans faire attention à ma déplorable mine :

— Voilà un gaillard que nous ne raterons pas. Gifler un homme aussi respectable au moment où il ne peut se défendre. Jacques, il s'agit de ton futur beau-père, et sa cause est déjà la tienne. Tu te dois, tu lui dois, tu nous dois à tous de m'aider à découvrir ce drôle et de lui donner un coup d'épée...

— Grand Dieu! s'écria ma mère.

— Cela n'empêchera pas la justice de suivre ensuite son cours, mais ce sera une façon tout à fait galante et française de prouver à ta fiancée ton amour.

J'étais passé au cramoisi. Je sortis précipitamment, mais pas assez vite pour n'avoir pas entendu ma mère dire à mon cousin : — Il est comme un fou, le pauvre enfant !

. . . .

Deux jours après j'avais quitté Carcassonne. J'avais déclaré à ma mère que toutes réflexions faites, je me sentais pour le célibat une invincible vocation.

J'appris depuis que les choses avaient fort mal tourné pour l'infortuné Van de Voysse. Mon cousin lui ayant fait répéter plusieurs fois qu'il ne connaissait pas son agresseur, avait fini par lui dire assez judicieusement :

— Il est certain pour moi que ce soufflet était destiné à un autre, Mêlez-vous donc de vos propres affaires et fichez-nous la paix. Il y a erreur sur la personne et voilà tout.

Jacques avait achevé son récit. Quant à Blanc Minot, toujours souriant, il humait avec volupté les dernières gouttes de son absinthe, lesquelles descendaient le long du verre comme de petites pierreries où se jouait le soleil couchant.

CANUCHE

CANUCHE

I

J'ignore si le seul mot d'étudiant exerce encore sur les jeunes esprits de ce temps une influence dominatrice, un prestige invincible, mais je sais qu'aux jours où j'avais vingt ans (et plutôt les ai-je aujourd'hui deux fois qu'une) il représentait un monde d'idées tentantes et attirantes au possible. Mürger avait écrit la *Vie de Bohême* et les légendes de Gavarni n'étaient pas oubliées. Être étudiant, c'était avoir un béret rouge, une large culotte s'effilant aux chevilles, culotter une longue pipe, ne jamais payer ni son restaurateur ni son logeur, aimer de belles filles peu exigeantes et aller se faire refuser aux examens vers la mi-juillet. C'était encore danser le cancan dans les bals, faire la nique à la maréchaussée, railler les bourgeois et aller percher, au printemps, dans les grands arbres comme les oiseaux. Quoi de plus séduisant et de plus irrésistible? Et Musette? Et Mimi? Et ces faciles amantes qui adoraient, non le veau d'or, mais le veau aux carottes nouvelles dans les cabarets de banlieue; celles-ci blondes et celles-là brunes, mais toutes les cheveux au vent, avec des robes largement ouvertes dès qu'un frisson d'avril faisait neiger des fleurs de pommier aux pépinières du Luxembourg... Tel était le charme de ce rêve vivant que je ne fus pas plutôt sorti de l'Ecole polytechnique que je me jurai de mener cette vie adorable. Je brisai mon épée (au figuré s'entend, car elle brille encore dans ma panoplie), et, au grand désespoir de mes parents, je leur déclarai que j'étais pris d'un amour furieux pour l'étude du droit. Cujas était devenu mon demi-dieu. Ouïr Pellat et Duranton m'était un idéal. Les bonnes gens (ce n'est pas Pellat et Duranton qui me reluquèrent toujours) ne crurent que fort peu à cette vocation soudaine. Ils pensèrent qu'une bonne tranche de vache enragée me serait un remède excellent à cette fantaisie. Ils me coupèrent à fort peu près les vivres, mais je n'en fus pas autrement ému. Un étudiant qui se respecte fait des dettes, n'est-ce pas?

pensai-je. Ainsi donc n'ai-je pas besoin de grand argent pour cela... C'est une marchandise qui, par avance, s'achète à crédit.

Et je pris ma première inscription pour ne plus retourner de longtemps à l'École de droit.

II

C'était le début des cahoulots, j'entends des petits cafés — non pas borgnes, mais au moins myopes — où les consommateurs étaient moins nombreux que les consommations, — estaminets et crémeries à la fois, où l'on trouvait aisément crédit. Il y avait là une crème de bons étudiants de vingtième année qui étaient de vrais miracles de fainéantise et d'ivrognerie. Les femmes les aimaient beaucoup, parce que, au fond, ils étaient moins fatigants que leurs amoureux imberbes et surtout moins naïfs, race de déclassés en herbe sur le chemin d'une sous-préfecture ou de l'hôpital. Moi, j'avais pour eux une admiration sans bornes. J'aimais leurs grandes façons de se laisser offrir par les godelureaux et de leur chiper, à l'occasion, leurs bonnes amies. Mais il en était un surtout pour qui je professais un culte sans égal. Il s'appelait Canuche et se prétendait Toulousain. Mais on m'a affirmé là-bas qu'il se vantait, étant tout au plus des environs de Saint-Gaudens. Mais quel homme, mes amis! Buvant des quarante bocks par jour et excellant à les faire descendre par une série habile d'alcools gradués. Il ne connaissait pas seulement, celui-là, l'heure classique de l'absinthe, mais aussi l'heure de la menthe verte, celle du kirsch, celle de la fine champagne, celle de la chartreuse verte, celle du curaçao. Tout cela était merveilleusement méthodique, et il eût pu, par l'ordre savant qu'il avait mis dans ses digestifs, servir de mesure au temps comme une horloge publique. Moi qui n'avais pas de montre, je me réglais absolument sur lui. Mon Dieu, c'est certainement plus propre que de contrefaire, comme j'en connais, le canon du Palais-Royal. Je voyais tous les jours ce héros, rue Monsieur-le-Prince, dans un petit estaminet aux contrevents à claire voie où nous tenions l'un et l'autre nos assises, en société de demoiselles élues; mais cela ne me suffisait pas. Je caressais une chimère : loger avec Canuche. Ne plus quitter un instant cet admirable petit-fils des singes, nos communs aïeux. Mais je n'osais pas lui demander cette faveur. Un jour pourtant je me hasardai :

— Il y a, lui dis-je, une bien jolie chambre libre dans mon hôtel.

— On y fait l'œil?

— Parbleu! répondis-je d'un petit air qui voulait dire : Y serais-je sans ça?

— Ça tombe bien, poursuivit-il. On vient de me flanquer à la porte de la mienne.

— Voulez-vous me permettre de vous aider à opérer votre petit déménagement?

— Certainement, prenez ma canne. Moi je porterai ma pipe.

Il n'en fallait pas davantage pour déménager Canuche et j'avais atteint mon but ambitieux.

III

Une confession maintenant. Je logeais dans un hôtel relativement cossu, où mon père payait pour moi, sans m'en rien dire, le pauvre homme! Ce qui me faisait croire que je jouissais, dans cette maison, d'un crédit illimité. A ma grande surprise, Canuche y fut reçu sans enthousiasme.

— C'est un rude homme que je vous amène, dis-je cependant au patron; il connaît par cœur tout Stendhal.

— Et tout Montaigne, ajouta Canuche en continuant à se vanter.

Après quoi, il fit mille réflexions désobligeantes sur la chambre mise à sa disposition. Elle était trop étroite! Où mettrait-il ses affaires? Il changea vingt fois de suite de place sa canne et sa pipe, sans arriver à satisfaire ses goûts de bel arrangement et d'ordre domestique... C'est ici qu'il me faut vous faire un nouvel aveu. J'avais une maîtresse dans la maison, mais pas à moi tout seul, comme vous l'allez apprendre à ma courte honte. Je faisais cocu un Roumanien ou un Valaque, qui avait beaucoup plus que moi les moyens d'entretenir une femme. Etait-ce le comble de la délicatesse? Mon Dieu! nous sommes si accueillants aux étrangers que nous avons bien le droit de nous faire quelquefois payer notre hospitalité. Ainsi pensai-je, et je mettais ma faute sur le compte d'un patriotisme jaloux de ses privilèges. Mauvaise excuse, n'est-ce pas? à une action certainement blâmable! Mais j'en avais une meilleure, la souveraine beauté de celle qui trompait cet animal pour moi. O Palmyre! qui dira les blancheurs de votre gorge et l'ombre azurée de votre chevelure! J'avais une singulière façon de lui donner des rendez-vous : tous les matins je glissais à la première heure un billet dans une de ses bottines, que le garçon de l'hôtel avait replacées à sa porte après les avoir cirées... à sa porte et auprès des bottes du Roumanien ou du Valaque, voisinage odieux et que je trouvais déshonorant pour ces tant mignonnes chaussures sur lesquelles il m'arrivait de poser quelquefois des baisers. Elle se levait avant son tyran et, après avoir lu mon communiqué, me répondait oui ou non en disposant des fleurs d'une certaine façon sur sur sa croisée. Et cela durait depuis des mois, et maintenant que Canuche était mon voisin, je n'avais plus rien à envier au monde, avec la certitude d'un pareil compagnon et pourvu d'une si aimable maîtresse.

Le lendemain de son installation, Canuche me dit :

— On s'embête ferme dans ce bazar. Il faut que j'égaye un peu ça.

Or, Canuche était un farceur renommé, un mystificateur plein d'expérience, un plaisant plein de ressources, et je me frottai intérieurement les mains en pensant à la belle fumisterie dont il nous allait divertir!

IV

Il m'avait tenu ce propos la veille et je sommeillais doucement, après une nuit agitée par l'inquiétude du grand événement médité par Canuche. Il pouvait être huit heures du matin, à en juger par la situation du soleil sur l'horizon, quand un coup violent fut frappé à ma porte.

— Qui est là? fis-je en me réveillant péniblement.

— Ouvrez toujours! me dit une voix impérative dont le timbre ne m'était pas connu.

Je me levai, passai mes pantoufles et la moitié de mon pantalon et je fus ouvrir. Pan! pan! je reçus une bonne paire de soufflets et une carte à la figure. Quand je revins de ma surprise, mon visiteur auroral avait disparu déjà. Je me frottai d'abord les joues, puis je ramassai la carte. Il y avait écrit dessus : *Anselme Mouflard, étudiant en pharmacie.* C'était un locataire de l'hôtel à qui je n'avais jamais parlé, mais dont je connaissais le nom pour l'avoir vu au-dessus d'une des cases où nous déposions nos clefs. Je descendis sans perdre un instant chez Canuche.

— Il faut vous battre ce matin même, me dit-il avec une incroyable bravoure.

— Voulez-vous être mon témoin?

— Désolé! mais je ne puis supporter ces émotions-là. L'idée de vous voir tuer sous mes yeux. Br Br Br!... Ce Mouflard est un spadassin, à ce qu'il paraît. Non, je vous aime trop pour assister à ce spectacle.

Et, se retournant lourdement dans son lit, Canuche me fit signe qu'il désirait dormir encore et que je le gênais beaucoup.

Je dus recourir à deux autres amis, mais les affaires ne traînèrent pas pour cela. Le Mouflard était un crâne, en effet. Il refusa toute explication à mes envoyés, disant que je savais à merveille pourquoi il m'avait calotté. Il était de ma dignité de n'en pas demander davantage. On prit des fiacres et, trois heures après, je recevais un magnifique coup d'épée, après avoir fait une promenade hygiénique au bois de Meudon. Toujours correct, l'étudiant en pharmacie me salua en prenant congé de moi. J'ignore où il fait aujourd'hui des pilules, mais ce doit être un des apothicaires les plus cérémonieux de Paris.

V

Je passai quinze jours pleins dans mon lit, prenant mon mal en patience, mais profondément blessé, non plus à l'avant-bras, au cœur. Canuche ne vint pas me voir une seule fois. Il s'en excusa auprès de mes camarades en me faisant dire qu'il serait trop malheureux de voir souffrir un homme qu'il aimait autant que moi. Mieux élevé, le sieur

Mouflard faisait prendre tous les jours de mes nouvelles : que cet homme doit confectionner, dans son laboratoire, des lavements consciencieux ! Quand je fus guéri, j'avoue que je fus froid avec Canuche à notre première rencontre rue Monsieur-le-Prince. D'autant que mon père m'avait invité, de la part de mon hôtelier, à ne plus présenter à celui-ci de clients du même goût. Mais Canuche ne parut pas remarquer ma bouderie.

— Ravi de vous voir, me dit-il affectueusement, et de vous voir debout. Vous ne sauriez croire combien votre accident m'a causé de peine.

Et, comme il en était à l'heure du mêlé-cassis qui le rendait toujours tendre et confiant :

— Vous avez perdu une rude occasion de vous amuser ce jour-là, me dit-il à l'oreille. J'en avais fait une bien bonne ! J'avais changé de portes, pendant la nuit, toutes les bottines des femmes qui logeaient dans la maison. C'est l'A B C de la plaisanterie française, mais c'est toujours drôle ! Si vous aviez vu quel remue-ménage dans l'hôtel, le lendemain !

Et Canuche riait encore, rien qu'à se souvenir. Il riait, en voyant arriver l'heure du vermouth-menthe.

Moi je ne riais pas, mais un trait de lumière m'avait traversé l'esprit. C'est dans une bottine qu'il croyait à sa maîtresse qu'Anselme Mouflard avait trouvé le billet destiné à celle du Roumanien ou du Valaque !

Quelle bonne idée j'avais eue d'introduire Canuche chez moi !

Et lui souriait toujours dans sa longue barbe. Car, après l'heure du vermout-menthe, il entrevoyait déjà celle du bitter-curaçao, qui le rendait plus tendre et plus confiant encore !

SOMBRE HISTOIRE

SOMBRE HISTOIRE

I

« Il y a longtemps que je vous aime, Hyacinthe, et longtemps que je sais que vous m'aimez. Votre mari est mon plus vieil ami ; eh ! qu'importe ! l'amour est plus fort que l'amitié, plus fort que le devoir. Car il est la vie... Jérôme est d'ailleurs un imbécile qui ne s'apercevra de rien... »

— Canaille ! murmura fiévreusement et la gorge serrée par la colère, M. Castapian, pharmacien de

1re classe à Montpellier, qui venait de découvrir ce poulet au fond d'un tiroir de sa femme, tiroir qu'il avait délicatement ouvert avec une fausse clef pendant une absence de Mme Castapian.

— Canaille! reprit-il plus fort, en sentant grandir encore son ire; misérable coquin! Lui, Roustonnet! mon plus ancien compagnon! presque mon frère! Ah! perfide Hyacinthe! Ah! plus coupable Roustonnet!

Et M. Castapian, serrant les poings, se promenait à grands pas dans la chambre.

Il méditait une vengeance terrible, mais laquelle? Tuer Roustonnet et se tuer, ensuite. Pas si bête! Il tenait à la vie. Tuer Roustonnet et sa femme après? Pas si sot! Il tenait à sa femme. Tuer Roustonnet seul? A la bonne heure. Mais comment? Par la violence? Roustonnet était vigoureux et n'aurait qu'à se défendre. Par la trahison? Certainement. Emploierait-il le fer pour le plonger dans le dos de son ennemi? Celui-ci blessé seulement n'aurait qu'à se retourner. Alors une arme à feu à distance? Habitué au maniement d'une artillerie silencieuse, il avait horriblement peur des détonations. Restait le poison. Oui, un poison sans merci, tel qu'il avait accoutumé d'en vendre à ses clients, mais plus rapide. La strichnine, par exemple, qui ne laisse derrière elle que les traces d'un rapide tétanos. Restait le mode d'ingestion du toxique. Avant tout éviter un scandale. Il valait mieux à tous les points de vue que Roustonnet eût l'air de mourir d'une attaque, naturellement, comme le premier apoplectique venu. Ainsi serait-il vengé et personne ne saurait qu'il était cocu. Pendant la courte agonie de sa victime, il aurait encore le temps de l'injurier un peu face à face et de lui cracher au visage son infamie. Mais pour cela, il fallait qu'ils fussent rigoureusement en tête à tête. Bon, il inviterait Roustonnet, qui était célibataire, à dîner en cabinet particulier, comme pour faire une petite noce ensuite. On mettrait la mort subite sur le compte de la fumée des vins généreux. Mais où cacher la matière vénéneuse ? La glisser, au dernier moment, dans le potage ou dans le rôti de Roustonnet ? Et si celui-ci, que le remords devait rendre méfiant, surprenait son mouvement ? A l'avance, alors ? Mais il s'exposait dans ce cas, à attraper lui-même le morceau empoisonné. Il fallait cependant, en cas d'enquête, qu'ils eussent mangé et bu exactement les mêmes choses.

M. Castapian réfléchit longtemps sur ce dernier détail de la mise en œuvre de son forfait. Tout à coup il se frappa le front. Il avait trouvé et c'est en tremblant que je révèle sa découverte aux hommes à venir, à ceux à qui cet excellent Frey disait adieu du haut de la guillotine. Car le procédé est fort ingénieux, en vérité, et servira indubitablement, une fois connu, à la suppression d'un nombre incalculable de belles-mères. Castapian arriverait le premier dans le cabinet, comme c'était son devoir d'amphitryon et, négligemment, pendant que le garçon qui mettait la dernière main au couvert serait sorti, il insinuerait la strychnine dans le goulot de plomb du siphon d'eau de seltz, à l'entrée seulement, dans la partie recourbée dont la forme ne permettait pas au poison de descendre. Comme c'était simple ensuite! Il servirait Roustonnet le premier et l'eau de seltz, dans son jet impétueux, balayerait tout le toxique dans son ventre. Lui, pourrait boire ensuite impunément du liquide contenu dans le même siphon.

Ah! c'était horrible! Il en avait une sueur froide dans le dos d'avoir conçu cette action vraiment machiavélique et abominable. Mais n'était-elle pas horrible aussi la conduite de Roustonnet, abusant de ses avantages physiques et de sa renommée de don Juan pour lâchement séduire la femme de son vieux camarade? Comme il comprenait maintenant le manège de ces deux infâmes! Il avait bien cru remarquer que, depuis un mois, régnait entre eux une apparente froideur, une inimitié simulée qui n'avait d'autre but que de lui cacher leur réelle tendresse. Et il avait pu tomber dans ce piége grossier, lui, l'inventeur de la Petaïne, produit nouveau et particulièrement puant, qui lui avait valu une médaille à l'Académie! Non, point de pitié pour un tel coupable! Le siphon empoisonné était un trait de génie...

Au moment où Castapian rassérénait ainsi son âme troublée par de furieux ressentiments. Hyacinthe rentrait. En entendant sa femme, l'apothicaire remit précipitamment la lettre révélatrice à sa place, referma sans bruit le tiroir, et prit une physionomie extrêmement gaie.

— Bonjour, mon ami, lui dit en souriant du bout de ses dents superbes et blanches comme des gouttes de lait, Mme Castapian.

— Bonjour, ma petite loutre adorée! répondit le

mari plein de projets sombres. Et il l'embrassa sur les deux joues avec une effroyable envie de la mordre au sang.

II

— Rien ne manque, Baptiste ?

— Non, monsieur Castapian. Les hors-d'œuvre sont sur la table.

— Vous nous avez donné un siphon, n'est-ce pas ?

— Voyez. Il est même d'un fabricant nouveau dont l'eau passe pour excellente.

— C'est bien, j'attendrai maintenant. Quand M. Roustonnet arrivera, vous l'amènerez ici.

Le garçon sortit en s'inclinant et en murmurant *in petto* : Ces apothicaires d'aujourd'hui font-ils assez leur tête ! C'est la faute de la noblesse qui a lâchement abdiqué en prenant elle-même ses lavement.

M. Castapian ne perdit plus une minute. Il tira la boulette de sa poche de sa poche de gilet, la boulette soigneusement enveloppée dans un papier Joseph et la glissa où il avait résolu, tout prés de l'entrée du goulot, en dedans. Il était temps.

— Bonjour, mon vieux !

— Bonjour, mon cher Roustonnet.

Et ils se serrèrent la main, tandis que Baptiste s'empressait autour d'eux, pour améliorer le pourboire, rectifiant d'un dernier coup d'œil le bel alignement des couverts, des couteaux, des assiettes et des bouteilles.

— Quelle idée charmante tu as eue là, mon bon Castapian !

— Tu ne sais pas à quel point elle est bonne, mon doux Roustonnet.

— On s'amusera ensuite ?

— Je t'en réponds.

— Tu sais, je veux en crever.

— Tu peux y compter absolument.

Et Castapian eut un abominable sourire, tout en passant à son hôte les radis. Roustonnet se servit du vin.

— Un peu d'eau de seltz ? lui demanda courtoisement Castapian.

— Non, je le préfère pur.

— Est-ce qu'il se méfierait ? pensa le pharmacien déconcerté.

Mais il se rassura bientôt. Après les œufs brouillés aux truffes, c'est Roustonnet lui-même qui lui demanda un peu d'eau gazeuse avec une gaieté et une rondeur qui firent mal à l'empoisonneur.

— Ma foi ! tant pis ! *Alea jacta est* (Rien ne réconforte comme un peu de latin), fit en soi l'apothicaire, se redonnant du cœur par le souvenir du crime de Roustonnet.

Et d'une main un peu tremblante, il en faut convenir, il pressa sur le petit levier. Le liquide bouillonnant sortit et emplit d'un diabolique pétillement le verre tendu de Roustonnet, qui l'avala d'un trait.

Epouvanté tout de même de ce qu'il venait de faire, Castapian se servit à son tour, violemment, fiévreusement, maladroitement à inonder la table.

— Fichu maladroit! lui dit Roustonnet avec un bon rire qui serra le cœur du misérable comme dans un étau.

— Attends un peu, mon gaillard! pensa Castapian.

On apportait les perdreaux rôtis. Roustonnet s'en servit un tout entier,

III

Son perdreau achevé, Roustonnet mangea la moitié de celui de Castapian.

— Je n'ai pas faim, lui avait dit celui-ci que commençait à torturer une indicible angoisse. Car aucun symptôme fâcheux pour Roustonnet ne se manifestait encore.

— Ça tarde, mais ça sera foudroyant! pensait l'apothicaire, pour qui l'attente devenait un effroyable supplice compliqué déjà d'un commencement de remords. Quelque phénomène digestif qui empêche l'action immédiate de la strychnine.

Et il commençait presque à souhaiter que la strychnine n'opérât pas. Mais hélas! c'était bien le poison sans pitié qu'il avait voulu.

— Ecoute, lui dit affectueusement et avec une certaine solennité, Roustonnet. Il faut que je te fasse une confidence. J'ai douté un instant de la vertu de ta femme.

— Il a du toupet! pensa Castapian à qui ce cynisme rendait toute sa fureur.

— Et comme pour rien au monde je ne voudrais qu'elle te trompât, — car un ami véritable est le gardien de l'honneur de son ami, — j'ai résolu de mettre moi-même à l'épreuve sa fidélité à ton endroit. Car je sais par expérience, et toute fatuité à part, qu'une femme qui me résiste est à l'abri de toutes les attaques Je lui ai adressé une déclaration incendiaire, il y a un mois...

— Eh bien? dit Castapian haletant.

— Elle m'a fait une résistance admirable et m'a menacé de te tout dire si je recommençais. Elle avait même gardé ma lettre comme pièce incriminante. Comment, tu n'as pas remarqué la tête boudeuse qu'elle me fait depuis ce temps?...

Et, se levant avec enthousiasme et se précipitant vers Castapian :

— Ah! mon ami, laisse-moi t'embrasser. Car, grâce à moi, j'en suis sûr, tu ne seras jamais cocu!

Castapian étouffait de surprise et d'indignation contre lui-même. Repoussant, comme un fou, l'accolade de son ami, il tomba sur le canapé, à la renverse, et ces mots entrecoupés semblaient lui déchirer la gorge : Au secours! au secours!

Effrayé, le bon Roustonnet appela Baptiste. Castapian, succombant au remords, s'évanouissait. Quand il revint à lui, il était comme hébété, et montrant à Baptiste, d'un geste imbécile, le siphon à moitié vide, il répétait les yeux hagards :

— Le siphon! le siphon!

— Ah! je comprends, répondit simplement Baptiste. L'eau du nouveau fabricant? Mais ce n'est pas elle qui a pu vous faire du mal. Pendant que M. Roustonnet ôtait son paletot et que vous l'y aidiez, j'avais changé le siphon que je vous avais d'abord servi...

— Dieu soit loué! s'écria Castapian.

Et fou de joie, pleurant il s'élança à son tour dans les bras de Roustonnet qui commençait à être passablement abasourdi, en s'écriant : Sauvé! sauvé!

Mais tout à coup, il se rassit, en proie à une inquiétude nouvelle :

— Baptiste? fit-il en pâlissant de nouveau.

— Monsieur Castapian?

— Qu'est-ce que tu as fait du siphon que tu nous avais servi d'abord?

— Parbleu! monsieur, je l'ai posé dans le cabinet à côté où ils avaient exigé la nouvelle marque. Il paraît que c'est bon. Les entendez-vous rire?

Castapian sauta à la porte, se rua dans le couloir, força l'entrée du cabinet voisin où noçaient quelques jeunes clercs de notaire avec des demoiselles sans vertu et, se précipitant sur le siphon qu'un des convives avait dans la main :

— N'y touchez pas! malheureux, n'y touchez pas! murmura-t-il d'une voix à demi éteinte.

— Vas-tu me ficher la paix, matassin! répondit le buveur interloqué.

Castapian n'avait entendu que les deux dernières syllabes :

— Assassin! geignit-il sourdement. Il m'a traité d'assassin! O vengeance céleste!

— Emportez cet imbécile! hurla Mlle Mistanflutte.

Et ce fut une rumeur générale.

— A la porte!

Tandis que des bras jeunes et vigoureux l'expulsaient hors du cabinet violé, Castapian se débattait et disait à Baptiste, suppliant, déplorable, affolé :

— Ne lui laissez pas boire du siphon.

— Mais ce n'est pas le même, monsieur Castapian, répondit Baptiste impatienté. J'avais essayé le premier, en projetant, comme nous faisons toujours, quelques jets préliminaires dans le couloir, et il ne marchait pas bien.

— Quelques jets!... pensa Castapian. Alors le poison a été précipité à temps!... Plus de danger pour personne! Tous sauvés! Merci, seigneur!

Et, lui, athée, comme Homais, comme tout pharmacien qui se respecte, il sentit de mystérieuses actions de grâces lui monter au cœur.

. . . .

— J'ai bien craint pour lui un accès de fièvre chaude! dit tout bas Roustonnet à Mme Castapian, en lui ramenant son mari.

Mais le lendemain, Castapian était parfaitement rétabli de ses terreurs et ne songeait plus qu'à redoubler de tendresse pour la femme et pour l'ami si injustement soupçonnés. Pour l'ami soit! Roustonnet avait dit la vérité. Mais pour la femme, non! Elle avait parfaitement résisté à Roustonnet, mais n'en trompait pas moins son légitime époux avec un capitaine du génie. Il ne faut jamais qu'un homme s'imagine qu'une femme ne sera à personne parce qu'elle n'a pas voulu être à lui.

L'OUBLIETTE

L'OUBLIETTE

I

De tous les castels féodaux qui ne sont pas rares encore dans les environs d'Albi, celui de Monculet était assurément le plus farouche d'aspect, perché qu'il était au haut d'un roc comme un aigle, découpant sur le ciel une silhouette désolée, veillant sur la plaine comme un mauvais souvenir du passé. Quand le soleil couchant incendiait l'horizon, l'antique ruine semblait descendre prolongée dans une ombre gigantesque qui paraissait le noir écroulement de ses pierres se précipitant dans la vallée. Une menace était encore vivante dans ce cadavre, et la mémoire des horreurs qu'il avait recelées était loin d'être morte dans le pays.

D'apparence délabrée au dehors il était, au dedans, dans un état de conservation surprenant. L'air vif des cimes est sain à toutes choses, et sa masse avait défié les colères du vent. Il n'avait jamais été d'ailleurs complètement inhabité. Plusieurs générations de seigneurs de Monculet s'y étaient lentement abâtardies dans une sourde misère. Au voisinage de ces hôtes, les parties du château inoccupées elles-mêmes avaient gagné d'être relativement entretenues. Un curieux eût donc retrouvé là mille vestiges intéressants des terribles guerres où l'hérétique était exterminé sans merci, où la divine justice ne reculait devant aucune torture, où le vaincu n'arrivait à la mort que par l'échelle sanglante des supplices

Anvers possède aussi, tout près du quai où fut le Rydeck de joyeuse mémoire, une prison espagnole où le génie tortionnaire du duc d'Albe se donna carrière en mille inventions qui font encore frémir. Mais je ne me veux pas indigner de ces cruautés religieuses et des crimes de la foi. Trop d'imbéciles se sont exercés sur ce thème facile, sans se demander si ces misères d'une époque déjà lointaine ne comportaient pas de sublimes compensations, et si la virilité plus grande des âmes n'y valait pas mieux que le scepticisme débonnaire dont nous crevons aujourd'hui. Si nous sommes devenus plus économes de sang, c'est sans doute que nous sentons le sang plus rare et moins chaud dans les veines appauvries d'une race à son déclin.

Le dernier Monculet, un jeune idiot qui avait mangé son dernier sou avec les filles de Toulouse (au fait, on pourrait le manger plus bêtement), avait été trop heureux de trouver une vingtaine de mille francs du manoir de ses ancêtres.

II

Mais un homme plus heureux encore avait été l'ancien grainetier Galmiche, qui l'avait acheté pour ce morceau de pain. Galmiche était un gros homme fort riche et d'une vanité encombrante; tout me porte à croire qu'il la portait dans son arrière-train, là où les dames mettent aujourd'hui une visière rembourrée comme pour éviter l'accident qui coûta la vue au vieux Tobie. (Aucun danger, mesdames, on ne devient pas borgne de cet œil-là.) Car cette partie de son individu était certainement la plus développée de sa personne et la plus propre (au figuré, s'entend) à loger sa faculté dominante. Il emplissait, à lui seul, l'intérieur de son cabriolet, et fort heureusement était garanti par ses opinions voltairiennes du danger d'être marguillier. Car il eût occupé, tout seul, le banc d'œuvre. Quand il allait au théâtre, ses voisins s'aplatissaient lentement à son contact, et si le spectacle eût duré seulement toute la nuit, toute sa rangée n'eût plus été qu'un cahier de papier à cigarettes. Il avait traversé le dos d'un malheureux âne en voulant s'asseoir dessus. Il convient d'ajouter que sa cervelle pesait infiniment moins que son derrière. C'était bien un homme de ce temps, exclusivement voué au culte de l'argent et aux plus grossiers appétits. Oui, ce manant prit un plaisir énorme, désordonné, indécent à se sentir maître, lui fils de meunier portant bonnet de coton, là où des preux avaient écrasé la plèbe sous le talon de fer de leur armure. Rien d'ailleurs du légitime orgueil d'une revanche dans ce sentiment béat de possession. Il ne se sentait nullement le vengeur glorieux des opprimés d'autrefois. Mais il jouissait à l'idée de se croire égal à des gens qu'on lui avait montrés, dans son enfance, comme puissants et redoutables. Il aurait été ravi, au fond (comme moi), qu'un salutaire retour à la barbarie lui permît d'être aussi cruellement despote que les anciens possesseurs de ce château, y compris Guy de Monculet, dont le plus grand plaisir était de violer des jeunes filles au nez de leurs parents soigneusement attachés. Par un progrès considérable des mœurs, on n'a plus besoin d'attacher les parents aujourd'hui. Il suffit de leur donner un peu d'argent. Il y avait des moments où Galmiche croyait fermement que c'était lui qui avait fait bâtir cette forteresse, et que c'était par pure politesse pour ses vassaux, qu'il ne leur envoyait pas, de temps en temps, quelque bon coup de couleuvrine pour leur rappeler le langage que les gens comme lui avaient accoutumé de parler ?

III

J'ai oublié de vous dire que cet orgueilleux animal s'allait marier. Oh! la jolie fille que cette pauvre Mlle Claire Beaudéduits qu'il devait épouser en légitimes noces. On pensait, en les voyant ensemble, au monstrueux hymen d'une colombe avec un éléphant. Mais les parents, qui savaient Galmiche opulent en diable, avaient inexorablement résolu cette union. Le premier soin de Galmiche, quand il fut propriétaire du domaine de Monculet, fut d'inviter à le venir visiter la famille de sa future, celle-ci et les amis de ladite famille. L'ascension fut rude, mais un bon déjeuner attendait les convives. Galmiche, en sa qualité d'amphitryon, mangea à lui seul autant que tous ses hôtes. Puis il proposa une promenade historique dans son château, historique et digestive à la fois, comme il en est décrit une si admirablement dans *l'Assommoir*. On se mit en route à travers un dédale d'escaliers en spirales et de souterrains, à travers des pièces sombres que soutenaient des solives au faîte desquelles grimaçaient des figures de pierre. La pauvre Mlle Claire Beaudéduits était fort mal à son aise vraiment. Tout à coup, Galmiche s'arrêta net devant un trou circulaire dont une large dalle était percée. Ce trou communiquait avec une chambre souterraine où les benoîts seigneurs de Monculet avaient l'habitude de faire descendre les condamnés à mort par leur bon plaisir. C'est cette ouverture, étroite cependant, qui leur servait de porte pour l'éternité. On les laissait mourir un peu de faim dans ce cachot hermétiquement fermé par une porte garnie au dedans de bourrelets de cuir très forts, ce qui permettait de l'emplir d'eau sans qu'il en sortît une goutte. Quand on supposait que le patient, las d'avoir faim, commençait à avoir soif, on faisait communiquer, par un jeu de soupapes, son appartement avec les fossés du château et il était tranquillement submergé. Je le répète, il existe à Anvers u échantillonn très coquet de ce genre de logements... Tous les invités de Galmiche tremblaient comme des poules, après l'averse, en entendant le récit que leur faisait complaisamment l'ancien grainetier. Tous décidèrent cependant qu'ils descendraient, par l'escalier, jusque dans cette chambre extraordinaire. Galmiche, qui était un malin et méditait une bonne plaisanterie, leur donna la clef de la fameuse porte aux bourrelets intérieurs de cuir, en leur indiquant le chemin, et en prétextant je ne sais quoi pour rester lui-même dans la chambre supérieure.

Il avait son idée : il méditait une farce de bon goût.

IV

Quand il les entendit, en effet, au-dessous de lui et qu'il fut bien sûr qu'ils étaient tous entrés, il retira silencieusement son pantalon, et, s'asseyant brusquement dans l'ouverture par laquelle les patients étaient autrefois descendus dans le gouffre, il la boucha hermétiquement de son énorme fessier. Ce qu'il avait prévu arriva. Comme ce trou seul donnait du jour (et quel jour!) à la pièce mortuaire, ses hôtes se trouvèrent subitement dans l'obscurité et poussèrent des cris inhumains. Mais un cousin de Mlle Claire Beaudéduits avait sur lui des allumettes-bougies et en fit flamber une, ce qui dissipa un instant leur terreur. Cependant Galmiche était si content de sa plaisanterie et si parfaitement oublieux des convenances, tant il riait à se débrider la rate, qu'il lâcha, involontairement, — je le veux croire, pour sa fiancée, — un gros... Ah! comment dire? l'âme d'un haricot de génie entrant dans l'immortalité. (Voilà une noble et musicale image, ou je ne m'y connais pas.) Cet esprit envolé fit un vacarme épouvantable en se répercutant dans les souterrains, et ce fut comme une tempête s'agitant sous ces voûtes de pierre. Pour le coup, le cousin de Mlle Claire Beaudéduits, lui-même, eut peur de cette canonnade; il jeta au hasard son allumette encore en flammes et tous se précipitèrent hors de ce caveau épouvantable, en tirant violemment derrière eux la porte dont les bourrelets se collèrent aux murailles avec un bruit de glissement.

Galmiche riait, riait toujours de plus belle. Tout à coup, il sentit au derrière une chaleur inquiétante et voulut se relever... Impossible! Il était collé au trou qui lui avait servi de siège, rivé par une force mystérieuse et invincible à l'ouverture que remplissait son séant, prisonnier de ce pertuis horizontal qu'il avait bouché de sa personne. Il crut d'abord s'y être trop profondément engagé et tenta de se soulever sur ses deux mains. La résistance fut invincible. Des terreurs folles lui passèrent au cerveau, pendant que son postérieur commençait littéralement à cuire. Était-ce un Monculet posthume et outragé qui se vengeait enfin de cette série de sacrilèges? Il était muet de terreur et n'osait crier. L'impression de chaleur cessa subitement, mais la force qui l'attachait à son siège n'en semblait que plus invincible. Il se crut ensorcelé ou livré à de malins esprits.

Et c'était si simple cependant, naïfs physiciens que vous êtes!

L'allumette jetée par le cousin de Claire Beaudéduits avait mis le feu à une botte de paille restée là. La paille avait flambé, et, la pièce étant hermétiquement fermée, l'air s'y était subitement raréfié, comme dans l'intérieur d'une cloche à ventouses. C'est ce vide subitement déterminé sous lui qui clouait Galmiche sur place, comme si une machine pneumatique eût opéré dans ce but.

Quand il eut la force de crier, on ne l'entendit plus. Ses hôtes avaient rapidement regagné les étages supérieurs et la lumière qui chasse les visions mauvaises. On ne le vint délivrer que fort avant dans la soirée, en faisant rentrer l'air dans la chambre des tortures. Mais l'aventure avait été si ridicule que son mariage en fut manqué. Sa vanité en fut si fort atteinte qu'il maigrit à vue d'œil. Il serait à l'aise aujourd'hui sur la pointe d'un paratonnerre. Je vous disais bien, en dépit des théories de Gall, que c'est dans cette partie de notre être qu'est enfouie cette exécrable faiblesse.

DALILA

DALILA

I

La comtesse Irénée est aujourd'hui une vieille femme, mais la délicieuse vieille femme que c'est! Appartenant, par sa jeunesse lointaine, à un temps qui n'avait rien de bégueule, elle a l'esprit meublé d'aventures sans nombre, dont souvent elle est l'héroïne, et auxquelles la galanterie aimable d'antan ne fait pas défaut. C'est toujours un grand régal pour moi d'être son confident, et j'imagine que, si nous eussions été complètement contemporains, c'est une cour assidue et passionnée que je lui eusse faite. Car je revis volontiers avec elle ses histoires d'amour, tant elle met de crânerie à les conter, en y mêlant cette pointe de scepticisme doux et bienveillant qui n'appartient qu'aux personnes ayant bien vécu. Et puis, quel art primesautier, instinctif, naturel est le sien! Je vous assure que moi qui suis un homme, je serais fort embarrassé souvent pour vous traduire en langage décent ses récits. Elle y met un semblant de naïveté, une fausse innocence qui sauve tout. Elle-même n'est pas bien de son époque. Par une filiation mystérieuse, elle est de celle des encyclopédistes dont les bonnes amies étaient autrement intéressantes qu'eux-mêmes. Car jamais les femmes n'eurent autant d'esprit que dans la seconde moitié du siècle dernier, et leur correspondance demeure comme un adieu charmant de l'ancienne société française, chevaleresque et gauloise à la fois.

Un jour que j'admirais la belle chevelure de la comtesse Irénée, blanche et pareille à une coulée argentine de lune, sur un fleuve, lisse et abondante encore, séparée sur son front en deux magnifiques bandeaux:

— Si je vous disais, fit-elle, que je fus une délicieuse blonde frisée?

— Je ne vous croirais pas, madame, répondis-je.

— Et pourtant cela fut vrai. Mais pas de tous points. Par une anomalie extraordinaire, je portais en haut du cou, là, au-dessous de la nuque, une mèche toute petite et toute crespelée, une façon de bouquet d'or clair (cette nuance était d'ailleurs celle de ma crinière tout entière, mais celle-ci était lourde, massive et pas même légèrement ondulée) dont raffolaient ceux qui me trouvaient alors charmante ou qui, du moins, me le disaient. Ce fut même le sujet d'une aventure assez bizarre et qui vous amusera peut-être.

— Certainement, m'écriai-je, et je baisai, par reconnaissance anticipée, la main un peu ridée mais charmante encore de dessin et d'inflexion de la grande dame.

Elle continua comme il suit :

II

— J'avais alors pour amoureux un garde du corps, un homme superbe et qui ne manquait d'aucun agrément. Nous l'appellerons André, si vous voulez, sa famille n'ayant rien à faire dans tout cela. J'étais mariée alors, vous le savez, mais le comte me négligeait beaucoup pour des gothons, et, ne m'eût-il pas négligée, je crois que c'eût été exactement la même chose. Il semblait qu'il ne fût infidèle que pour m'excuser de le tromper. Paix à sa mémoire ! Jamais bûcheron ne porta plus allègrement son bois. Nous faisions un ménage excellent, et il eût été malaisé de dire lequel était le plus heureux de nous trois. Souvenir exquis que celui des longues heures passées à faire cocu cet excellent homme! Ma chambre était la plus coquette du monde, et André s'y plaisait infiniment, dans la chaleur tiède du foyer, assis que nous étions, l'un près de l'autre, sur une admirable fourrure de Russie qui me servait de tapis. Il était très caressant et de santé excellente, très égal dans son humeur amoureuse, et vraiment je n'eusse pu souhaiter un galant plus accompli. Il manquait absolument de fortune personnelle et était plein de délicatesse, ce qui me rendait un peu inquiète de son avenir. Car j'avais pour lui autant d'amitié que de tendresse. C'est ce qui me décida un jour à tenter, sans lui en rien dire, une démarche auprès d'un ministre dont mon père avait autrefois obligé les parents, dans le but de procurer à mon ami une de ces places honorables et plus lucratives que le service, qui étaient fréquentes sous la monarchie, et que la République a bien fait de supprimer. Car aujourd'hui rien ne se donne plus qu'au mérite, et vous chercheriez en vain un exemple de sénicure créée pour quelque protégé du gouvernement.

Les ministres de ce temps-là étaient quelquefois des sots. On y galvaudait les portefeuilles entre des mains incompétentes; Croiriez-vous que le ministre de l'instruction publique était un simple petit vétérinaire de province qui avait eu le bonheur de sauver la jument d'un duc bien en cour! Mais ce n'est pas celui-là à qui j'avais affaire. Je fus reçue avec une courtoisie exagérée qui dégénéra en sans gêne. Ce puissant de la terre ne voulut-il pas m'embrasser et ne me proposa-t-il pas les distractions les plus extravagantes? J'étais indignée au fond de ces façons Régence, mais je voulais réussir à tout prix. Je me défendis donc sans colère apparente et même avec une pointe de coquetterie. Quand il vit qu'il n'y avait aucun succès immédiat à espérer, ce pétulant fonctionnaire me dit avec une résignation hypocrite :

— Donnant, donnant, Madame la comtesse. Demain votre protégé aura sa place, mais demain aussi vous aurez coupé pour moi et m'aurez envoyé cette mèche, ce mignon et extravagant bouquet de cheveux que vous portez sous le chignon et que mes lèvres ont effleuré, malgré vous, tout à l'heure. C'est un souvenir de votre visite que je veux garder éternellement.

C'était une folie ; une fantaisie absurde. Mais j'étais si heureuse de m'en tirer ainsi que je promis.

III

Je ne fus pas plus tôt dans ma voiture que je regrettai d'avoir été si sotte. Mais c'était un de mes charmes les plus délicats, cette mèche ! C'était un talisman peut-être. André ne m'aimait peut-être que pour cette curiosité ! Et je la sacrifierais à ce bellâtre ! Non ! non ! c'était impossible ! Je me mis à réfléchir si je n'en aurais pas sur moi, quelque autre pareille. Cette idée me fit, tout à coup, rire et rougir en même temps... Mais c'eût été lui donner plus encore qu'il n'avait demandé! Honteuse de cette hardiesse soudaine de ma pensée, je me recueillis de nouveau. Allons, bon! une imagination bien plus comique encore me passait par le cerveau. André, lui aussi, était blond et presque du même blond que moi... Comme ce serait drôle que cet impertinent ministre gardât comme une relique.. ! C'était résolu ! C'est sur André que je couperais la mèche, pendant son sommeil, pour ne le point mettre dans le secret, ou, du moins, pour ne l'y mettre que plus tard... quand il serait nommé et trouverait la plaisanterie plus amusante cent fois. Je rentrai chez moi radieuse de cette magnifique invention. Je voyais déjà mon ministre baisant dévotement, en souvenir de moi, cette... ! Et jamais il ne s'apercevrait de ma ruse. Car j'étais décidée à lui écrire simplement pour le remercier, la chose faite, et à ne le recevoir jamais.

André me trouva d'une humeur adorable, Jamais nos caresses préliminaires n'avaient été plus vives. Il m'avoua cependant un léger mal de tête, en se mettant au lit. Il avait passé trois heures de planton sur la terrasse des Tuileries en plein soleil, à attendre le roi. J'en fus presque enchantée, tant cela servait mes desseins. — Repose-toi un instant, mon doux ami, lui dis-je. Quelques instants de sommeil te guériront. Il se défendit de cette petite impolitesse, mais finit par céder à mes instances. Dix minutes après, à peine, le bruit monotone de son souffle m'assurait qu'il était parti pour le pays des rêves. Je me levai doucement, sur la pointe de mes pieds nus et j'allai chercher une grande paire de ciseaux que j'avais mise exprès sur ma table de travail, celle où j'avais accoutumé à faire de la tapisserie en l'attendant.

Il était fort beau vraiment, pendant qu'il reposait, et je ne pus m'empêcher de le contempler quelque temps en silence! Tout respirait la force et la vigoureuse jeunesse dans ce grand garçon à la fois passionné et timide. Quelle fête amoureuse il m'allait faire au réveil! Un avant-goût des délices prochaines me mit une fraîcheur savoureuse sur les lèvres et je ne sais quel frisson de voluptés entrevues me passa entre les épaules, dans une déchirure de ma chemise de dentelles. Il n'y avait pas un moment à perdre pour l'exécution de mon projet. J'avançai le double acier d'une main assurée. André avait-il quelque cauchemar? Il fit un brusque et soudain mouvement qui me désorienta le bras, si bien que le froid des ciseaux le vint effleurer au ventre. Il ouvrit les yeux et poussa un cri de terreur épouvantable en me repoussant.

Mais la mèche était coupée et, sans m'occuper de son émoi, en en riant même, je courus enfermer mon trophée dans un écrin sur lequel je mis immédiatement le nom du ministre et que je donnai à mon domestique de confiance avec ordre de le porter immédiatement, fallût-il réveiller Son Excellence pour le lui remettre.

IV

Puis je revins auprès de mon André, folle de caresses, de gaieté et de désirs. Il était encore tout pâle et me regarda avec des yeux plein d'angoisse. J'ai pensé depuis qu'il m'avait peut-être trompée ce jour-là (le planton aux Tuileries était peut-être une frime) et que, le remords l'ayant saisi en rêve, il avait cru, en se réveillant en sursaut, à quelque vengeance terrible du genre de celle pour laquelle le chanoine Fulbert ne prit malheureusement pas de brevet. Je lui souriais... je l'entourais de mes bras. Je lui disais les plus douces choses. Il demeurait comme hébété. Mes tendres paroles finirent par le rassurer Il se mit aussi à me sourire, à me débiter des madrigaux, à me presser sur sa poitrine. Mais ce fut tout. L'émotion avait été trop forte et, depuis cette malencontreuse soirée, rien! rien! Rien! comme disait Berthelier les dents serrées, dans je ne sais plus quelle pièce des Nouveautés.

Et en disant ce: rien! rien! la comtesse Irénée avait encore de posthumes indignations dans la voix, sa jolie petite voix de vieille, aigre et chantant comme celle des clavecins oubliés.

LE CEINTURON

LE CEINTURON

I

— A quoi pensez-vous, ma bonne amie ? fit le bon commandant à Mme Laripète sensiblement rêveuse et absorbée dans la contemplation du feu mourant dans la cheminée.

Elle répondit avec une franchise charmante :

— Aux uniformes d'autrefois, Onésime. Qu'ils étaient galants et beaux à voir, ces hussards, ces guides, ces chasseurs! Et même ces simples fantassins dans leur tunique bien brossée et sous leurs rouges épaulettes qui semblaient, de loin, des pivoines fleuries! Les pauvres soldats d'aujourd'hui me font de la peine. Ils sont vêtus comme des chiens savants. Plus rien de la coquetterie française, mais un déplorable souci de ressembler à des militaires allemands. C'est, sans doute, très malin et ce sera peut-être, un jour, le moyen d'entrer à Berlin sans que les Prussiens s'en aperçoivent. Mais ce n'est vraiment pas joli et vous m'en voyez toute attristée.

— Soyez convaincue, ma chère, reprit philosophiquement Laripète, que les petitesbourgeoises d'à présent où il n'y a plus de grandes dames, et les bonnes dont l'armée n'a jamais dédaigné le jugement n'en trouvent pas les officiers et les tourlourous plus mal pour ça. Les toilettes du temps où nous aimions nous semblent toujours les plus belles. Je vous charmais, dans ma tenue, parce que j'avais trente ans et que vous en aviez dix-huit. Qu'on nous rende à tous les deux les mêmes âges et je vous charmerai encore, bien que fagoté suivant les nouveaux règlements. La mode, voyez-vous, c'est une farce. Il n'en est pas de ridicule. Sous celle qui nous paraît maintenant la plus grotesque, les gens de goût d'autrefois savaient fort bien deviner la beauté. Il n'est pour l'homme et pour la femme qu'un costume vraiment logique et qu'interdit malheureusement à certaines races l'inclémence du ciel natal.

— Lequel, mon Dieu? demanda la commandante.

— La nudité, répliqua héroïquement Laripète.

— Il a raison, la vieille bête! ajouta l'amiral en lâchant une grosse bouffée de fumée qui se sépara en ronds capricieux et entrant les uns dans les autres, en vertu d'un talent de société qu'il avait lentement conquis sur sa pipe.

Mme Laripète eut un fou rire.

L'idée de son mari ventripotent comme une outre et de Le Kelpudubec décharné comme un sarment de vigne dénués de leurs habits fit danser dans son cerveau deux fantoches absolument irrésistibles, deux extrêmes se bousculant, la lutte d'un ballon et d'une quille lancés l'un après l'autre sur un grand chemin, un édredon et une canne tombant de dessus le même lit.

Laripète, qui était très vaniteux, crut qu'elle s'amusait de ce qu'il avait dit. Mais Le Kelpudubec, à qui son humeur grincheuse donnait un sens plus pénétrant, comprit et fut excessivement vexé.

II

— Au reste, reprit Laripète, il en a été ainsi de tout temps. Toujours les ministres de la guerre ont été travaillés de la manie de modifier l'uniforme. C'est une façon de laisser quelque chose après eux, — quelque chose à faire à leur successeur qui s'empresse de démolir ce qu'ils ont édifié. A mon époque, c'était le général Bombard de la Vestoupière, un rude militaire d'ailleurs, — rude pour les autres, bien entendu, — qui avait inventé un nouveau ceinturon. C'était incommode comme tout, mais il y tenait énormément. Un colonel pouvait se donner du bon temps pourvu qu'il ne badinât pas sur le port du ceinturon dans son régiment. C'était même une manière de faire sa cour à l'autorité compétente. Le nôtre, M. Legras Dufeissier, était un courtisan fini. Aussi était-il intolérable avec cette maudite sous-ventrière. Pour un peu, il nous eût obligés à la porter au lit, sur nos flanelles. Cette tyrannie nous révoltait. Nous protestions en lisant avec rage le beau discours d'Etienne de la Boëtie sur la servitude volontaire et en fumant d'exécrables cigares. Car M. Bombard de la Vestoupière, qui était entré au service sous la Restauration, avait horreur de la littérature et du tabac. Cet animal de Legras Dufeissier nous donnait des notes abominables..... Ah! quand il pouvait nous pincer sans le ceinturon d'ordonnance! Un demi-centimètre de moins ou une plaque non rigoureusement conforme au modèle! C'était tout de suite un rapport au ministre et une accusation d'insubordination.

J'étais lieutenant, en ce temps-là, et j'avais pour ami intime un fils de famille qui était entré au régiment pour achever d'y jeter sa gourme, un brave garçon s'il en fut, que ses camarades adoraient parce qu'il payait volontiers à boire et que détestait son colonel pour cent raisons, dont aucune n'était la bonne. Car M. Legras Dufeissier ignorait absolument que cet homme aimable le fît cocu, ce qui était pourtant la plus véridique chose du monde. Véridique et agréable. Car Mme la colonelle était une belle personne dans l'épanouissement d'une maturité saine et abondante, blonde avec des airs de chanoinesse tout à fait exquis, une personne grassouillette et distinguée, ce qui est un raffinement. J'en étais bien un peu amoureux aussi, mais elle m'avait préféré mon compagnon Gontrand d'Etoupettes...

— Ça, je le comprends, interrompit Mme Laripète.

— Et pourquoi ça, belle amie?

— Parce que je l'ai connu aussi.

— C'est vrai, quand il était capitaine, conclut le commandant sans amertume.

Le Kelpudubec haussa gracieusement les épaules en accent circonflexe.

III

Gontrand avait loué une chambre en ville, pour recevoir sa bonne amie, ne pouvant en recevoir la visite dans son logis officiel. J'étais le confident de ces deux amoureux et un peu leur commissionnaire. Mais servir des amants n'est jamais une honte... Le colonel montait à cheval tous les jours à quatre heures. Mme Legras Dufeissier en profitait pour le venir tromper à à domicile. Souvent je me trouvais là pour faire le guet ou bien pour leur rendre quelque autre office menu. Imaginez une journée d'août absolument intolérable. Nous étions là tous les trois dans ce petit paradis, en attendant qu'ils n'y fussent plus que deux. Gontrand s'était mis tout à fait à son aise et Mme la colonelle m'avait permis de retirer mon ceinturon, le fameux ceinturon du général Bombard de la Vestoupière. Et elle? Eh bien, elle avait aussi dégrafé le haut de sa robe d'où montait un arome grisant; elle avait, de plus, dénoué sa magnifique chevelure sur ses épaules et toute sa personne semblait alanguie délicieusement par cette température pleine de moiteurs parfumées par ses belles chairs de femme amoureuse. C'était, à vrai dire, pour moi, le supplice de Tantale...

— Dis: de Cancale! observa obligeamment l'amiral.

Heureusement, Gontrand d'Etoupettes qui avait bon cœur et aussi peut-être envie de se débarrasser, un instant. de moi, me dit : Va donc nous acheter deux bouteilles de champagne et un peu de glace!

Je sortis, en faisant : Ouf! Il était temps. Ce que j'avais trouvé la colonelle belle dans ce déshabillé, belle et tentante! Saint Antoine lui-même...

— Que tu n'aurais jamais dû quitter! interrompit encore Le Kelpudubec.

Mais Laripète ne fit aucune attention à cette insinuation malveillante.

— Enfin, je fus un long moment, continua-t-il, avant de rentrer en moi-même... pour me dire qu'il est infâme de désirer impudemment la maîtresse d'un ami. Après quoi je me mis en devoir d'acquérir les objets demandés.

Savez-vous, — je l'ai su depuis, — ce que faisait Gontrand d'Etoupettes pendant ce temps-là?

— Gazez pour moi, Onésime, fit pudiquement la commandante.

— Eh bien, il se mettait nu comme un ver, — par dilettantisme d'abord, parce qu'il était fort bien fait, ensuite parce qu'il aurait moins chaud ainsi, ensuite parce que Mme la colonelle, qui aimait la ronde-bosse, le lui avait demandé. Mais c'est ici que se corse cette histoire.

Et Le Kelpudubec prit l'attitude d'un homme qui se cale pour en entendre une raide, tandis que Laripète soufflait, un moment, pour se reposer.

IV

— Vous ne vous êtes pas demandé, une seule fois, continua-t-il, ce que faisait M. Legras Dufeissier pendant ce temps-là ? Il était à cheval, bien entendu, mais il n'en pensait pas moins. Après une tournée faite par la ville, pour tâcher de trouver quelque officier en faute, il revenait, mélancolique, quand il s'arrêta net devant la maison où sa femme était en train d'admirer les formes de Gontrand d'Etoupettes. Ses mouchards — car il en avait — lui avaient dit que celui-ci avait là un buen-retiro mystérieux où il recevait une femme. Mais il était loin de se douter laquelle... les mouchards aussi, Mme Legras Dufeissier étant une personne habile, experte et ne se laissant pas dépister aisément. Une curiosité maudite poussa le colonel à entrer à tout hasard et à frapper à la porte du premier appartement venu. Il était tombé juste. Ce fut Gontrand en personne qui vint lui ouvrir, Gontrand qui, entendant frapper, ne douta pas un instant que ce fût moi qui rapportais les liquides. Aussi n'avait-il même pas repassé sa chemise et était-il dans le costume d'Adam, comme je l'ai conté plus haut.

En le voyant *in naturalibus*, le colonel fut tellement abasourdi qu'il balbutia horriblement, comme cherchant des mots pour s'excuser. Mais tout d'un coup, reprenant son sang-froid et d'une voix pleine de colère triomphante :

— Huit jours d'arrêt, monsieur, pour n'avoir pas votre ceinturon,

Et il redescendit les marches de l'escalier, enchanté de ce qu'il avait fait.

Ma mauvaise étoile voulut qu'il me rencontrât en sortant, les bras chargés de bouteilles. J'étais complètement vêtu, moi, mais je n'avais pas non plus mon ceinturon, puisque la colonelle m'avait permis de le retirer.

— Quinze jours à vous, monsieur! hurla Legras Dufeïssier, pour récidive!

Et il remonta sur son cheval, plus content que Titus de sa journée.

JUSTES NOCES

JUSTES NOCES

C'est à un bal qu'il l'avait vue pour la première fois, au premier bal où son père l'eût conduite. Car elle n'avait guère plus de seize ans, et jamais grâce plus douce n'avait tempéré l'éclat d'une triomphante jeunesse. De taille moyenne, elle avait de grands yeux où couraient de jolis reflets d'ardoise, comme sur l'eau d'un fleuve avant l'orage. Ses cheveux étaient d'un noir tragique et se nouaient sur sa tête en masse lourde; son teint avait des pâleurs mates exquises. Mais ce qui la faisait elle-même très particulière et très attachante vraiment, c'était un grand air de réserve, un parfum de pudeur dont elle était comme enveloppée et comparable à l'odeur mystérieuse des violettes cachées dans le gazon. Tout d'un coup, il fut pris par ce grand et honnête charme. Il avait eu le bonheur de ne se point disperser en tendresses faciles dans une trop longue vie de garçon; les amours légères avait à peine ridé, comme le zéphyr qui passe, la surface calme de ses jours sans en empoisonner le fond. La première pensée qui lui vint fut celle que la probité d'une âme restée pure inspire. Pourquoi ne demanderait-il pas la main de cette adorable créature? Oui, messieurs les débauchés, sa main. Dans le monde des gens de bien, c'est par là qu'on commence. Le reste vient ensuite. Dans l'autre, c'est par là qu'on finit et ce n'en est pas plus gai.

Mlle de Belange — ainsi s'appelait cette charmante personne — avait une petite fortune. Mais lui-même, Gaspard des Roseaux, n'était pas sans bien. A moins qu'il ne déplût formellement, il n'y avait aucune raison pour qu'il ne fût pas agréé. Quel rêve! Elle serait à lui, à lui seul, cette divine enfant aux regards baissés et qui marchait comme si elle eût toujours craint d'écraser une fleur ou d'effaroucher un papillon, délicieuse image de toutes les virginités, trésor jalousement gardé à sa tendresse! Ce beau et naïf sourire s'ouvrirait sous ses lèvres comme une rose; tous ces beaux lis s'effeuilleraient sous ses doigts. Il respirerait, dans la solitude du bonheur, cette jeunesse embaumée; il éveillerait à un monde d'impressions nouvelles cet esprit charmant replié comme un oiseau, sous son aile! Quel rêve!

Quand il fallut quitter le bal, les lumières s'opalisant aux premières et blanches clartés de l'aube, sous les rideaux, il rentra chez lui comme absolument fou et rédigea immédiatement sa demande.

II

Les choses marchèrent au gré rapide de ses désirs. M. de Belange, veuf de bonne heure, adorait sa fille Armande, mais il sentait tout le poids des responsabilités qui incombent à un père encore jeune ayant la garde d'un pareil bien. Armande était bien enfant, il est vrai, mais enfin son cœur pouvait parler plus tôt qu'on ne s'y attendait et d'ailleurs sa grande beauté l'exposait à être vivement recherchée. Tous les hommes ne nourrissent pas d'aussi honnêtes projets que ce bon Gaspard des Roseaux. Il était donc décidé à marier sa fille dès qu'une union convenable lui serait proposée. Mais elle? Armande? Mon Dieu, Armande ne sachant absolument rien, — non, rien, je vous le jure, — du mariage n'avait aucune bonne raison pour lui être hostile en principe. Cette institution respectable lui apparaissait sous les espèces d'un nombre considérable de présents, dans la candeur menteuse d'une jolie toilette blanche, avec des semblants de liberté qui l'attiraient, sans qu'elle en approfondit la dangereuse douceur, et le droit de jouer sérieusement à la Madame avec ses jeunes amies. Elle n'y voyait pas plus loin et le mystère du lit où l'on dort ensemble, sous les rideaux pudiquement fermés, ne la troublait même pas un instant. On ne porte pas au front et dans le cœur, une double fleur d'innocence plus exquise. J'ajouterai que Gaspard qui avait de bonnes façons et une grande distinction de manières lui sembla un monsieur avec qui la vie n'aurait rien de désagréable. Enfin, si délicieusement niaise qu'elle fût, elle n'en était pas moins, d'instinct et sans s'en rendre compte, intérieurement flattée et justement reconnaissante de la respectueuse tendresse qu'il lui témoignait par mille délicates attentions. Car la bonne éducation et aussi une certaine timidité naturelle maintenaient, en lui, toute violence dans l'expression de son violent amour. Il brûlait intérieurement, le pauvre garçon, mais sans flamber et c'est tout au plus s'il laissait s'envoler quelque étincelle du rouge tison qu'il portait au cœur.

Les accordailles se firent très simplement mais avec une grande cordialité. Armande mit sa jolie petite main qui ne tremblait pas dans celle de Gaspard frissonnante comme une feuille. Ne faillit-il pas se trouver mal au toucher de cette délicieuse main d'amoureuse inconsciente ! Le raille qui voudra ! Moi qui ne suis plus, en amour, qu'une vieille fripouille, je sais une main dont le seul contact me fait frémir comme un roseau sous le vent.

Le jour du mariage fut définitivement arrêté et les invitations lancées de tous côtés.

III

— Non, mon bon oncle, je ne veux pas que vous me donniez ce bracelet !

Ainsi parlait Armande à son oncle Honoré, le seul membre de sa famille à qui sa position ne permît pas de lui faire un coûteux cadeau. C'est que l'oncle Honoré avait été un noceur (Dieu lui pardonne, à la vieille bête !), qui avait mangé son patrimoine avec des demoiselles sans vertu. Mais c'était tout de même un brave homme et qui adorait sa nièce. Il avait beaucoup navigué sur les mers lointaines, courant après une fortune nouvelle qui n'était jamais venue.

— Il faut bien cependant que je t'offre un souvenir, ma pauvre enfant !

— Un rien, alors, mon oncle, un rien qui vous appartienne et qui me sera cent fois plus cher qu'une parure.

— C'est que je n'ai pas grand'chose à moi, ma chère Armande. Au fait, tu aimes les oiseaux ?

— Je les adore.

— Eh bien, je te ferai don du perroquet qu'un matelot de mes amis m'a rapporté ces jours-ci, du Havre. Il est superbe vraiment et pas bavard du tout. Son maître m'a assuré cependant qu'il parlait, mais seulement quand la peur ou quelque émotion violente lui déliait sa petite langue noire, pareille à un pépin de gros fruit. Il s'appelle Hamilcar et est extrêmement doux.

Armande battit des mains et sauta de joie! Elle embrassa par trois fois sur chaque joue l'oncle Honoré, qui avait des larmes dans les yeux, ravi qu'il était de cette tendresse sincère et honteux aussi de la pauvreté qui le faisait avare si malencontreusement.

Une heure après, il faisait son entrée avec Hamilcar sur le poing, Hamilcar qui écarquillait des yeux d'or clair dont la prunelle s'élargissait en ondes circulaires comme les ronds qu'une pierre dessine en tombant dans un bassin. Ces volatiles ont des amitiés soudaines. Armande eut aussi vite conquis Hamilcar que s'il eût été un homme. Il lui tendait son cou en le renflant pour qu'elle y plongeât le doigt dans l'épaisseur soulevée, par écailles larges, de ses plumes vertes. Un peu plus d'audace et il allongeait son bec aigu et dur vers les lèvres entr'ouvertes de la jeune fille où l'éclat de ses dents passait comme un filet de lait pur.

Ce fut tout de suite une adoration entre ces deux êtres également simples. J'en rougis pour mes frères en humanité, mais on eût proposé à Armande d'épouser Hamilcar au lieu de Gaspard, qu'elle eût certainement accepté. C'est au point et si sûr qu'elle le fit coucher dans son lit, sous un pli savamment arrondi des draps de fine toile.

IV

Il faut bien cependant que je vous révèle quelques particularités sur la vie antérieure de ce perroquet subitement promu à la dignité de concubin d'une chaste jeune fille. Hamilcar était né au Brésil de parents libres, et son enfance s'était écoulée dans les forêts. Un gredin de matelot en maraude l'y avait fait prisonnier un jour, et malgré une résistance héroïque, l'avait fourré dans une petite cage en bois. Hamilcar avait d'abord voulu mourir, mais quelques gouttes de vin clairet sur un morceau de sucre l'avaient décidé à vivre. Peu à peu il s'était fait à sa captivité et s'était résigné comme un autre. Il avait grandi et avait suivi son ravisseur, mais sans lui pardonner jamais. Ce mathurin n'avait rien d'ailleurs de fort aimable et le pauvre oiseau était vraiment mal tombé. Car son possesseur exerçait sur le bâtiment des fonctions dénuées de toute poésie. Faisant partie d'un équipage de transport, il était préposé à la garde d'un certain endroit où les voyageurs ne vont que les uns après les autres dans les bateaux bien tenus. On lisait sur la porte : W. C., ce que les illettrés seuls pouvaient prendre pour les initiales de William Chexpire. Me suis-je bien fait comprendre ? ou faut-il que je vous rappelle les jolis vers attribués à Emile Deschamps :

Là, déployant avec mystère
Un billet qu'elle ne lit pas,
La belle vient, et, solitaire,
Dévoile un instant ses appas.

Si vous n'y êtes pas encore, c'est que vous avez abusé des confitures de coings. Oui, le pauvre Hamilcar dut vivre sur son perchoir, tout près de cette porte décriée, n'entendant d'autre musique sacrée que celle des délivrances tumultueuses (car Jupiter seul peut lancer du haut de son trône le *quos ego* virgilien), et d'autres entretiens que la classique réponse au coup discret frappé par un visiteur impatient qui appète la place déjà occupée.

Aussi ne savait-il répéter autre chose, et, en bête bien élevée, n'en abusait-il pas, — seulement, comme l'avait très bien dit l'oncle Honoré, quand il éprouvait quelque terreur subite ou quelque vive impression.

Ah! messieurs, messieurs! rentrons vivement dans la poésie! Mouchez-vous, marquise. Le merveilleux parfum de votre dentelle ne sera pas de trop, comme dirait Boireau.

V

La chambre nuptiale avant le sacrifice. Une odeur charmante de toilette virginale portée tout le jour et dont l'édifice vient de s'écrouler comme un bonhomme de neige que fond le premier soleil. Une lampe est baissée qui, seule, éclaire à peine, promenant sur les rideaux de grandes ombres estompées et vaguement oscillantes. Tout est mystère et enchantement dans la pièce silencieuse : tout est attente et l'âme des puretés défaillantes s'évapore aux fleurs d'oranger qui jonchent le tapis. Armande est au lit déjà, dans le grand lit où elle aurait peur certainement, bien que ne sachant pas ce qu'on lui allait demander, si son fidèle Hamilcar n'était auprès d'elle, blotti dans un repli de son bras sous le transparent abri d'une guipure. Faut-il tout vous dire? Eh bien, Armande s'est endormie! Son souffle égal fait comme un bruit lointain de rames, tandis que sa pensée s'en va sur les mers bleues du Rêve. Ah! ce qu'elle est belle ainsi, je renonce à vous le dire, dans la nuit épaisse de sa chevelure largement étendue sur l'oreiller, ses longs cils palpitants sur ses joues comme des ailes d'oiseaux tremblants et sa bouche doucement entr'ouverte par un tranquille so rire. Et l'ondoiement délicieux de son corps alangui sous le marbre assoupli des draps où ses formes sont comme montrées; le renflement divin des hanches et le bel enlacement des jambes dans la pose nonchalante du repos. Il y avait de quoi se mettre à genoux devant ce lit dressé comme un autel dans la paix muette d'un sanctuaire.

M. Gaspard des R seaux, plus mort que vif, tant son émotion était grande, entra sur la pointe du pied dans un déshabillé qui sentait son gentilhomme impatiemment amoureux. D'un pas tremblant mais délibéré, comme un homme qui brûle ses vaisseaux il marcha droit vers la couche, et subitement hardi comme les peureux forcés dans leur dernière défense, il souleva la couverture et glissa une jambe dessous. Mais il sauta subitement en arrière et tomba à la renverse, blême de surprise et d'effroi. Une voix, une grosse voix d'homme qui sortait du lit ne lui avait-elle pas crié bien distinctement :

— Il y a quelqu'un !

IDYLLE

IDYLLE

I

Voulez-vous que nous allions aux champs, madame, dans les campagnes lointaines où achèvent de mourir les magnificences désolées de l'automne ? Car les peupliers versent leurs dernières larmes d'or sur les gazons ruisselants, et les belles pourpres de vignes mûres ne sont plus que les loques flottantes du royal manteau des treilles. Les chênes seuls ont gardé leur rousse chevelure qui ne tombera que sous la poussée des feuilles nouvelles. Hâtons-nous, ma chère âme! Quelques jours encore; une gelée matinale, et les arbres ne seront plus que de noirs paraphes sur la page grise du ciel.

Allons, d'ailleurs, où vous voudrez, mais là cependant où la vie rustique est réelle et sincère. Car il me faut de vrais bergers pour l'églogue que je vous veux conter, non pas des pasteurs d'opéra-comique roulant entre leurs doigts des houlettes démodées. Il me faut un gars authentique et une fillette bien naïve. Ne touchons pas cependant aux paysans de George Sand. Sans rien dénaturer de leurs façons et par la seule puissance de son génie, elle les a faits plus grands que les discoureurs augustes de Théocrite et de Virgile. C'est bien beau et bien tentant pourtant les paysages qu'elle leur a donnés pour décor. Bah! risquons-nous de ce côté, dans la vallée charmante où Argenton dresse ses toits d'ardoise le long d'une prairie toute émaillée de crocus dans la belle saison, une prairie que partage un cours d'eau rapide dont le sable est traversé par les zigzags transparents des meilleures écrevisses du monde. Nous sommes partis, n'est-ce pas? C'est exquis, entre nous, de voyager sans changer de place. Rapprochez doucement votre causeuse de mon fauteuil, que nous ayons l'illusion du chemin de fer où l'on est très voisin l'un de l'autre. Vous pouvez même pencher un peu votre tête sur mon épaule, comme vous le fîtes quelquefois pour dormir en route.

J'adore l'odeur de vos chevaux. Et puis, c'est un peu leste, mon histoire, et c'est à votre oreille seulement que je veux la dire. Je vais imiter, s'il vous plaît, le sifflet de la locomotive et les hou! hou! de la fumée au départ. Pourvu que nous n'ayons pas d'accidents!

Dieu soit loué! Nous voici arrivés à bon port. Pour nous délier les jambes, nous allons gagner la pleine campagne à pied. Je vous porterai dans les endroits difficiles. Vous êtes le plus délicieux fardeau que je sache au monde et ce me serait un délice d'être votre baudet durant l'éternité.

II

Voyez-vous ce ménage de jeunes époux, qui passe, lui, dans sa belle blouse d'un violet révoltant, à laquelle une cravate rouge sert de collet; elle, charmante dans sa robe bleue et sous son bonnet de linge fin? C'est Mizet et c'est Annette. Ils ont été fiancés tout l'été et viennent de se marier seulement, après la vendange. Dame, on est économe du temps, dans la paysannerie française; on y est même avare de tout. On a été à la mairie quand on n'a plus eu rien à faire aux champs. Maintenant, ce n'est pas une mode ridicule d'attendre le commencement des froids pour coucher légitimement ensemble. Les nuits d'hiver sont meilleures pour les amoureux, parce qu'elles sont les plus longues. Si vous y consentiez, princesse, je ne ferais aucune difficulté de vous continuer mon récit entre deux draps. Nous juxtaposerions nos deux oreillers pour nous offrir l'impression d'un wagon-lit, ce qui est extrêmement cossu. Vous ne voulez pas? Tant pis. Mais ne me parlez plus jamais de vous payer des sleeping-cars.

Il est rudement taillé, n'est-ce pas, Mizet, et Annette est joliment appétissante! Ah! c'est qu'ils étaient sages tous deux avant la noce, ce qui conserve joliment... Annette tout à fait sage et même un peu bebête. Car les passe-temps amoureux des animaux ne lui avaient rien appris, ce qui dénote une imagination pure, mais un grand défaut d'esprit d'observation. Elle croyait encore, en se rendant à l'église dans sa toilette de neige, que les petits hommes se distinguaient des grands parce qu'ils étaient nés sous des choux de Bruxelles. O candeur divine! Mizet était infiniment plus dégourdi — il avait été passer quelquefois le dimanche à Châteauroux, qui a des horizontales de toute petite marque, — mais il avait eu le bon esprit de ne pas manger son bien conjugal en herbe, j'entends de ne point toucher d'arrhes sur son bonheur futur, ou encore de ne se point faire cocu avant la lettre de faire part.

Et cependant, ils ne s'étaient guère quittés, durant la moisson où ils avaient quelquefois dormi côte à côte dans l'épaisseur protectrice des blés, durant la canicule, voire même par les belles nuits pleines d'étoiles qui semblent faites pour les rêveries à deux. Mais les gens qui ont peiné tout le jour ne rêvent guère. Il y a cependant les imbéciles qui rêvent encore moins.

III

Daphnis apprenait à Chloé à jouer de la flûte. Il tendait aux jolies lèvres roses de sa bien-aimée le buis léger pour le baiser ensuite tout frissonnant encore de l'air envolé. C'était une occupation poétique entre toutes et charmante au bord des eaux claires dont le murmure accompagnait, d'un délicieux et imperceptible cliquetis de cailloux, la chanson des jeunes pasteurs. Mais les temps ont infiniment changé, depuis la déclaration des droits de l'homme, laquelle nous a révélé tout ce que nous valons et que nous ne sommes pas faits pour souffler dans des pipeaux sous les feuillées, mais pour clamer et voter sur les places publiques. Mizet et Annette jouaient cependant ensemble, mais à l'instar des citadins sérieux, dans les estaminets où l'on discute les candidats à travers la fumée démocratique des pipes dominicales. Oui, comme tous les librepenseurs qui se respectent, ils employaient l'heure des vêpres à compter des points aux dominos, mais plus souvent encore aux cartes; car Annette les adorait. Ils ne s'en tenaient pas à la bataille enfantine, mais abordaient les parties les plus savantes. Et ce qu'ils se chamaillaient! Mizet était horriblement tricheur et Annette l'exaspérait en glissant constamment des regards obliques sur son jeu. Alors il jetait ses cartes, boudait, se fâchait, et tout cela finissait, comme il convient, par des embrassades. Si vous me boudiez un peu, madame, Non? Si j'y tenais, cependant, je n'aurais qu'à vous pincer un peu au-dessus du mollet. Ne retirez pas votre jambe! Ah! comme j'aurais bien mieux raison de vous dans un vrai compartiment!

Un jour, Mizet dit bêtement à Annette :

— La première nuit que nous serons mariés, je t'apprendrai un bien joli jeu.

— Ça ressemble-t-il au piquet? demanda plus bêtement encore la jeune fille.

Il ne put réprimer une grande envie de rire et ne dit :

— Oui!

— Alors l'un écarte et l'autre joue?

— Précisément.

Et il étouffait dans sa jolie barbe adolescente soyeuse et toute blonde. C'était le soir, et les étoiles aussi souriaient de tant de candeur; elles souriaient là-haut, silencieusement, en clignotant de leurs jolis yeux d'or. Je vous dis cela, ma chère âme, parce que vous froncez horriblement le sourcil. N'allez-vous pas être plus pudique maintenant que les astres que la chaste Phébé, la vierge impeccable, avait choisis pour compagnie? Quand on vous raconte des bêtises, princesse, le mieux est de n'avoir pas l'air de les comprendre.

IV

Ah! Vous m'avez tellement troublé avec votre moue que je ne sais plus comment continuer. Et c'est le plus difficile qu'il me reste à dire! Imaginez qu'il nous faut pénétrer maintenant dans la chambre nuptiale de Mizet et d'Annette, la première nuit de leurs légitimes amours. Eh bien, quoi! N'ont-ils pas acquis le droit de s'aimer honnêtement, ces deux enfants dont la tendresse ne blesse aucune loi divine ou humaine? Les bonnes gens n'ont pas de ces ridicules bégueuleries. Tant pis pour les autres! Nos aïeux, qui nous valaient bien, n'avaient pas si grand peur de rire!

Donc Mizet avait tenu sa promesse et appris à Annette enchantée le nouveau jeu qu'il lui avait annoncé. Pour se le bien mettre en tête, ils en avaient déjà fait quatre parties et la lune n'était encore qu'aux deux tiers de sa course sur le chemin fleuri d'étoiles du firmament. Mizet se mit à souffler comme un homme qui prendrait bien un peu de repos; et, pour le prouver davantage, il ferma doucement les yeux, pas tout à fait, juste assez pour regarder encore entre ses cils tout en laissant croire qu'il dormait. Tout le monde sait que la femme est un être essentiellement curieux. Nul n'en voudra donc à Annette d'avoir profité du feint sommeil de son mari pour soulever légèrement les draps et les refermer bien vite ensuite, en poussant un petit cri de surprise et d'effarouchement.

Puis ce fut un silence.

— Mizet, dit-elle, tout à coup, d'une voix bien caressante, tu ne veux plus jouer?

— Non! fit Mizet d'un ton boudeur.

— Et pourquoi?

— Tiens! parbleu! parce que tu as vu mon jeu!

Ne vous fâchez pas, princesse, pour ce simple badinage! Votre grand'mère en a entendu bien d'autres, et c'était une fort honnête femme cependant.

COLLECTIONNEURS

COLLECTIONNEURS

I

Une fortune indépendante honorablement gagnée dans le commerce des sardines, un physique un peu marqué mais présentable encore, vingt-cinq ans d'expériences extra-conjugales et un nom euphonique, M. Valentin Trouspette avait vraiment tout ce qu'il faut pour faire un parti recherché. Il n'eût donc pas manqué, dans ses relations provinciales, de familles, même de petite noblesse, prêtes à lui jeter leur fille à la tête. — Je dis la tête, par convenance d'abord, et aussi parce que c'est là que le mariage finit généralement par nous faire des bosses. — Mais M. Valentin Trouspette, de l'ancienne maison Trouspette et Tranchelevent, avait des principes arrêtés. Bien qu'il fût loin de l'âge qu'avait le roi David quand ce monarque, psalmiste éminent, mais vieillard ordurier, exigeait que les plus belles vierges des tribus lui vinssent réchauffer les cuisses dans son lit, et prétendait n'admettre à l'honneur de sa couche qu'une pucelle authentique. Or, le drôle était sceptique, n'ayant jamais fréquenté que dans un monde de médiocre vertu. Moi je ne crois pas la chose si rare et ne considère pas comme un *rara avis* l'étrange oiseau qui attend pour s'envoler tout autre chose que la poussée de ses ailes. J'imagine qu'il y a beaucoup de demoiselles très pures, de bonnes petites couturières départementales qui n'ont jamais failli. Et puis, s'il faut être franc, ce qui me tient le plus éloigné du mariage, c'est cette nécessité de convenance de ne convoler qu'avec une personne absolument niaise en amour. Il me semble que je serais beaucoup plus intimidé qu'elle-même. Il me prendrait des envies de lui dire : Voyons, ne faites donc pas la bête ! Ce qui serait tout à fait déplacé. Même les demi-vertus m'en imposent. Que serait-ce d'une vertu complète ! Enfin tous les goûts sont dans la nature, même celui d'être le premier dans le cœur d'une jeune fille, comme aurait dit le chevalier de Boufflers qui avait un vocabulaire charmant. C'était une manie de vieux cheztco Valentin Trouspatte que de n'épouser qu'une jeunesse intacte, une manie et une impertinence. Car il avait moins de droit que personne ayant nocé comme une bourrique, à exiger un pareil trésor.

— J'ai bien envie, dit-il à son ami l'apothicaire Ventdeloup, n'ayant aucun besoin d'une femme dotée, de m'adresser tout simplement à un convent, d'orphelines.

L'apothicaire Ventdeloup bondit et faillit s'étrangler de l'éclat de rire éminemment sardonique qui le prit à la gorge.

II

Ce pilulier patenté, — très malins, les pharmaciens d'aujourd'hui, et grands partisans du régime globulaire, — ayant remarqué qu'il est infiniment moins embêtant de rouler des petites boulettes de crasse entre ses doigts que de donner des lavements, — M. Ventdeloup, veux-je dire, était un fougueux libre-penseur. C'était un de ces hommes qui, par les temps actuels, rêvent de laïciser jusqu'aux pets-de-nonnes. Le seul mot de couvent lui donnait une façon d'attaques de nerfs. Quand il eut repris ses sens, — je ne dis pas ses esprits, car il en avait un seul tout au plus, — il regarda Trouspatte en face et lui dit avec un sérieux professionnel :

— Une orpheline, soit, Valentin! Il est toujours

doux de n'avoir pas de beaux-parents. Mais choisis ailleurs qu'où tu veux bien dire.

— C'est que, répondit Valentin, ailleurs, je n'en vois pas de collection où je puisse choisir.

— Quelle plaisanterie ! Et le refuge du philanthrope Misapou !

— Un refuge ! Badines-tu ?

— J'entends un refuge pour la jeunesse féminine sans famille. Le philanthrope Misapou est un homme extraordinaire et dont l'utilitaire entreprise est encouragée par le conseil municipal. Les enfants ont chez lui tous les avantages de l'éducation cléricale sans en avoir les inconvénients. J'entends qu'on les bourre de principes absurdes, mais non plus empruntés à la mythologie chrétienne. On ne leur apprend pas les commandements de Dieu, mais la Déclaration des droits de l'homme. Ils ne récitent pas le *Benedicite*, mais un fragment de Jean-Jacques avant chaque repas. Sois tranquille, d'ailleurs ! Ce n'est pas à leur raison qu'on s'adresse, mais à leur mémoire, de façon à en faire de bons petits perroquets bien dociles à enseigner, comme ceux que confectionnaient les béguines. Le ridicule repos du dimanche chez les catholiques et du samedi chez les juifs, est remplacé par un repos du vendredi, ce qui est bien plus logique. On ne mène pas ces jeunes crétines à la messe, mais on les abrutit en conscience par de pompeuses cérémonies en mémoire de la Révolution française. Il me semble qu'un bon discours de Robespierre est plus instructif à la jeunesse que le sermon sur la montagne ! C'est autrement vivifiant et moderne, congru et distingué ! Je te le répète, Valentin, tu trouveras dans les élèves de cette maison modèle tout ce qui faisait la force des éducations monastiques, moins le monstre hideux de la superstition qui me fait horreur à l'égal des remèdes empiriques que je ne vends qu'avec mépris, en les faisant payer très cher pour en dégoûter la crédulité publique. Ah! ah! messieurs de la calotte, nous vous prenons vos procédés, maintenant, et on ne se demandera bientôt plus, grâce à ce judicieux philanthrope Misapou, par quoi l'on vous a remplacés!

Ainsi parla éloquemment M. Ventdeloup, tandis que M. Valentin Trouspette l'admirait en silence.

— Nous irons, conclut celui-ci, demain, dans ce merveilleux établissement. Mais, tu sais, Ventdeloup, la sagesse ne me suffit pas dans le sujet auquel s'attachera mon choix. J'y voudrais aussi un peu de beauté. Car une âme superbe, dans une enveloppe blâmable, n'est pas mon fait. Sont-elles bien nourries chez ton philanthrope?

— Té! Elles ne font pas même maigre le vendredi saint!

— C'est que, vois-tu, j'aimerais bien qu'avec infiniment de pudeur, elle eût un peu de derrière, la demoiselle que j'épouserai. Je me suis toujours ennuyé très vite avec les femmes qui n'en étaient pas suffisamment pourvues, et c'est dans l'intérêt de ma fidélité future que je te parle. Il serait navrant que je fusse obligé d'aller chercher, hors de mon ménage, ce que je peux rencontrer chez ma légitime épouse, ces nobles assises du bonheur conjugal dont les manchots des deux bras ont seuls le droit de ne se pas préoccuper.

— Nous te trouverons un petit ortolan ! fit l'apothicaire Ventdeloup en se frottant les mains.

III

Et de fait, Mlle Aurélie (ne lui demandez pas son autre nom, puisqu'elle était orpheline) était de tous points comparable à ce joli et succulent oiseau, tant ses chairs étaient blanches, son aspect dodu, et son esprit logé dans une petite cervelle où un anthropophage gourmet eût mieux trouvé son compte qu'un commentateur de Blaise Pascal. Etait-elle donc sotte ? Pas du tout. Mais elle avait de petits raisonnements d'oiseau qu'elle traduisait dans une langue ressemblant fort à un ramage. Elle était pétulante, pétillante, primesautière et imprévue, caqueteuse à tort et à travers, au demeurant parfaite pour un sourd et ayant le capital après lequel courait cet imbécile de Trouspette. Le philanthrope Misapou déclara à celui-ci, en présence du pharmacien Ventdeloup, que c'était la perle de la maison, sa petite préférée. Et il le prouvait en lui tapotant amicalement les joues, tout en faisant l'article pour s'en débarrasser au mieux. Ses petites joues étaient si rebondies que Trouspette eut un frisson de plaisir en songeant qu'elles avaient de grandes sœurs qui leur ressemblaient sans doute ou, tout au moins, avaient avec elles un air de famille. Cette pensée acheva de le décider. Il fit, séance tenante, sa demande. Mlle Aurélie l'agréa en riant comme une petite folle. Le philanthrope Misapou fit une petite allocution très touchante sur un texte d'Anacharsis Clootz. Les bans furent publiés la semaine suivante, et, deux mois après, Mme Valentin Trouspette tenait un salon dont M. Ventdeloup était l'oracle et où la meilleure société d'un quartier sans prétention se donnait rendez-vous. L'ancien sardinier se trouvait le plus heureux des hommes. Le lendemain de la noce, il avait bien été parler mystérieusement à l'oreille de son ami l'apothicaire, mais celui-ci lui avait répondu avec beaucoup d'autorité :

— Ça ne prouve absolument rien. C'est un préjugé de vieilles femmes !

— C'est que les vieilles femmes s'y connaissent, avait objecté Trouspette.

— Je te dis que ça ne prouve rien !

Et Trouspette était rentré rasséréné, se disant à lui-même : Morbleu ! il le sait encore mieux que les vieilles femmes ! Un pharmacien, c'est presque un médecin !

Et nul soupçon ne troubla plus la paix de cet excellent ménage.

IV

C'était la veille de la Sainte-Aurélie. Mme Trouspette était déjà au lit dans un délicieux déshabillé de linge brodé fleurant l'iris, quand son mari entra dans sa chambre, une cassette sous le bras. Il agita celle-ci et ce fut, à l'intérieur, un grand cliquetis de pièces de monnaie. Il l'ouvrit ensuite et la posa sur la table de nuit, à demi pleine qu'elle était (la cassette, pas le meuble intime) de beaux louis d'or rayonnant sous la bougie.

— Tout cela est pour toi ? fit-il à sa femme. Tu t'achèteras avec ce que tu voudras.

Mme Trouspette battit des mains et lui sauta au cou.

— Si tu savais comment j'ai économisé cela ! ajouta l'excellent époux avec un petit rire malin.

Et il s'était assis au bord du lit, tenant les jolies petites mains de sa femme dans les siennes.

— Tu ne veux pas me le dire, méchant ? minauda Mme Trouspette.

— Non ! je craindrais de flétrir ton innocence.

— Oh ! voyons, Valentin ! Maintenant que nous sommes mariés depuis près d'un an !

— Au fait, c'est vrai, fit-il. C'est scabreux à te dire, mais enfin je ne dois pas avoir de secrets pour toi, ma mignonne ! Eh bien, c'est une idée baroque qui m'est passée par l'esprit, baroque peut-être, mais certainement équitable. Pourquoi faut-il que, pour te la révéler, je doive t'initier aux habitudes fâcheuses d'une civilisation déplorablement corrompue ! J'y renonce décidément, mon amour.

— Valentin, tu m'embêtes !

Et Mme Trouspette retira vivement ses mains et commença une moue formidable. Son mari reprit :

— Ne te fâche pas. Je vais tout oser.

— Ah ! tant mieux ! s'écria-t-elle. Car elle trouvait que Valentin osait rarement.

— Dans le monde des débauchés, continua-t-il gravement, auquel j'eus le malheur d'appartenir pendant longtemps, la mode, une mode certainement ridicule, est qu'un galant homme ne quitte pas une femme galante, après les courtes entrevues que comporte une vie agitée, sans lui laisser un petit cadeau, quelques pièces de vingt francs en souvenir. Chacun mesure le présent à sa fortune. C'est bête comme tout.

— Je ne trouve pas ça! interrompit gravement Mme Trouspette.

— Enfin, ma chérie, je faisais comme les autres. J'allais ordinairement jusqu'à cinq...

— Vous m'étonnez, Valentin.

— Non! cent francs toujours; c'était le tarif que je m'étais fait dans ma vie de gentilhomme. Or, une fois marié, je me suis dit: Pourquoi ne serait-on pas aussi généreux avec sa femme qu'avec de simples drôlesses? N'est-il pas éminemment profitable à la grande institution du mariage qu'elle apparaisse aux jeunes femmes comme aussi avantageuse et rémunératrice que l'inconduite? Je n'aurais pas osé faire avec toi comme avec ces femmes de rien. Mais au lieu de disséminer mes présents, je les ai capitalisés. Voilà les produits de mon économie et de ma comptabilité intègre, ma chère!

Mme Trouspette plongea un doigt dans la cassette, tripota les louis et dit avec un petit air de soupçon exquis:

— Il me semble qu'il y en a beaucoup.

Et, de fait, ce prétentieux de Trouspette en avait mis plus qu'il n'en devait dans sa singulière conception. C'est qu'il était à l'âge où l'on peut dire de la femme ce qu'en dit de l'honneur un poète qui la comparait à « une île escarpée et sans bords ». J'abandonne le second vers de cette citation à la mémoire sagace des lettrés.

— Nous, mon ami, dit tout à coup Mme Trouspette sur le ton le plus affectueux, ce n'était pas de l'argent que nous donnait M. Misapou quand nous avions été bien gentilles, mais de petits livres instructifs. Je les ai gardés aussi et vais vous les chercher pour vous les offrir.

Et tandis que son mari, abasourdi, demeurait coi, Aurélie sautait du lit, courait à un placard dont elle gardait toujours la clef et en tirait une collection complète de l'Encyclopédie en trois cent quatre-vingt-sept volumes format elzévirien, qui tombèrent avec fracas sur le plancher.

DIALOGUE DES MORTS

DIALOGUE DES MORTS

I

« *Ramsès II fut le premier des Pharaons qu'on dépouilla de ses bandelettes. Ce fut ensuite le tour de Séti Ier et de Soqnounri, puis celui d'Ahmos Ier et des grands prêtres d'Amon...* »

— Quel homme que ce M. Maspero ! fit le docteur Trousse-Cadet, en interrompant sa lecture à haute voix du compte rendu de la dernière séance annuelle de l'Académie des inscriptions et belles-lettres.

— Quel génie ! continua Laripète enthousiasmé.

— Quel animal ! fit la commandante sur le ton d'une vive colère contenue depuis longtemps.

Et, comme cette exclamation avait surpris tout le monde :

— Alors, poursuivit-elle, on a le droit de traiter les morts sans aucun égard sous prétexte qu'ils sont morts depuis longtemps ! Le droit à la violation de sépulture s'acquiert par prescription comme se perdent les autres droits ! Et parce qu'un peuple de croyants a entouré de plus de piété les funérailles de ses ancêtres, il est permis de profaner leurs cendres avec plus de sans-façon ! Alors pourquoi criez-vous au sacrilège quand un misérable fou déterre les cadavres des cimetières, et pourquoi l'envoyez-vous en prison ?

— L'intérêt de la science ! fit solennellement Trousse-Cadet.

— Vous me ferez difficilement accroire, reprit la commandante, que ce mobile soit plus violent que l'horrible passion dont ces malheureux sont possédés, et, partant, qu'il comporte une excuse plus grande. Il me semble, d'ailleurs, qu'on abuse un peu de l'intérêt de la science aujourd'hui. Il nous a dotés déjà de la vivi section qui révolte toutes les consciences. Si nous devons lui sacrifier successivement tous les principes de morale, nous en arriverons rapidement à une société composée de gens infiniment instruits, mais capables des actions les plus abominables. Mieux vaut vivre avec des ignorants ayant les mœurs douces. J'ai dit. Continuez, Trousse-Cadet.

« *L'étude minutieuse des corps, reprit le docteur, a permis souvent de déterminer l'âge des individus. Sognounri avait une quarantaine d'années; la princesse Ahmos Sithamos, trente-cinq ans au plus; Toutmos II est encore marqué aux stigmates d'une maladie de peau...* »

— Arrêtez! fit Laripète. Cette dernière révélation m'inspire un aperçu historique absolument ingénieux et nouveau. Car vous n'ignorez pas que j'ai déjà rectifié nombre d'erreurs dans la légende écrite des peuples. J'ai notamment établi que les massacres de Septembre avaient eu pour auteurs et non pour victimes les prisonniers de la Terreur. Ça tombait sous le sens! Autrement pourquoi reprocherait-on encore au fanatisme la Saint-Barthélemy? Ah! ce Toutmos II avait une affection contagieuse!

Eh bien! voilà le roman de la belle Ferronnière et de son vindicatif époux à terre! Tout le monde sait, en effet, que ce fut une mode sous François Ier de se purger avec de la cendre de momie. Le roi sacrifiait comme tout le monde à cette mode. Il sera tombé sur un Pharaon dont la jeunesse avait été, médicalement parlant, orageuse et c'est de lui qu'il avait reçu la maladie dont il est mort, maladie dite secrète, parce qu'on ne saurait dire qu'elle est visible comme le nez au milieu du visage, puisqu'un de ses effets ordinaires est de le faire tomber.

— Cela n'est pas impossible, dit Trousse-Cadet.

— Moi, je tiens pour la belle Ferronnière, fit la commandante. Je veux croire que ce galant monarque avait au moins péché avant d'être châtié.

Après ce petit intermède dialogué, M. Trousse-

Cadet reprit sa lecture que scandèrent scandaleusement les ronflements de l'amiral Le Kelpudubec.

II

Quand il l'eut achevée, la commandante dit à Jacques :

— Vous me semblez absolument rêveur, mon ami.

— C'est que, en effet, répondit Jacques, voici une heure que je vis dans un rêve, ou plutôt dans un souvenir.

— C'est vrai, vous avez été en Egypte aussi, fit Laripète.

— Et j'ai vécu une nuit tout entière dans le monde mystérieux des momies, une nuit pleine d'étoiles qui filtraient des lumières très douces dans l'azur très foncé du ciel, une nuit inoubliable ; car j'y entendis distinctement des âmes parler dans le silence et l'emplir de musiques surhumaines...

— Caprice d'imagination ! fit ironiquement Trousse-Cadet.

— Imagination et caprice si vous voulez, vétérinaire pour hommes ! répliqua vivement Jacques. Mais cela n'explique rien. Quelle différence, je vous prie, faites-vous entre entendre réellement et croire entendre ? Dès que vous ne voyez pas l'objet d'où les sons émanent, que vous importe qu'il vous soit caché par une muraille ou qu'il soit séparé de vous par les abîmes de l'infini? Vous admettez bien que la puissance de vos yeux ne limite pas l'espace et que, par delà la sphère de nos regards, il est des mondes? Je vous dis que j'ai entendu chanter les momies!

— Distinctement?

— Si distinctement que je vous dirai leur chanson tout à l'heure. Elle me fut révélée dans un décor vraiment étrange et qui avait merveilleusement préparé mon esprit à cette communication d'outre-tombe. Je m'étais perdu dans une pyramide, ou mieux je m'y étais endormi, accablé par la chaleur du jour. Quand je me réveillai, mes compagnons étaient partis. J'étais seul dans l'immense tombeau, seul avec des morts très anciens dont les cercueils avaient des yeux immobiles. Je gagnai une ouverture taillée dans la masse de pierres et que la lune traversait d'une poussière d'argent. Au dehors, c'était l'ombre, mais une ombre diamantée de mille feux célestes et que semblait faire onduler encore l'aile blanche du crépuscule. Le désert fuyait, rapide, sous ces vagues de lumière pâle. C'était solennel et plein d'une émotion sans merci. J'étais comme le berger vivant de ce troupeau de trépassés. Un oblique rayon de lune glissa, jusqu'à eux, ses clartés vibrantes et ce fut comme si un archet invisible avait caressé des cordes frémissantes. C'était une musique très douce et très aiguë à la fois, plaintive avec des ironies stridentes. Elle disait :

Quand les jours seront révolus,
Revêtirons-nous la jeunesse?
Ils sont si lents qu'on ne sait plus
S'il est assuré qu'on renaisse.

Vêtus comme des chrysalides
Et cachés au fond des tombeaux,
Sous leurs bandelettes solides,
Nos corps restent fermes et beaux.

Mais si le temps vient de l'oubli,
Pourrons-nous bien les reconnaître ?
Pour être mieux enseveli,
En est-on plus sûr de renaître ?

Sans doute les portes sacrées,
Les cent portes d'or de Memphis
Depuis longtemps sont demeurées
Ouvertes sur nos derniers fils.

Et des reptiles sont venus
Qui, sous leurs armures squammeuses,
Ont fait glisser leurs ventres nus
Tout le long de ses tours fameuses;

Des crocodiles faméliques
Qui, sur la pierre las d'errer,
Auront englouti les reliques
Où nos souffles devaient rentrer !

Faudra-t-il, pour reconquérir
Le terrestre habit de nos âmes,
A notre tour faisant mourir,
Fouiller des sépulcres infâmes ?

Mieux vaut, loin du fleuve et des îles,
A travers les sables brûlés,
Fuir, et pour suprêmes asiles,
Chercher des corps inviolés ;

Et, dans les mêmes nœuds charnels,
S'il nous faut, deux à deux descendre,
Unir deux souffles fraternels
Pour échauffer la même cendre.

Car, des voluptés réveillées,
Les saints pouvoirs se doubleront
Quand deux âmes appareillées
Dans un même corps s'aimeront.

Pour nous le réveil peut venir.
Prêts aux divines fantaisies,
Au doux pays du souvenir,
Nos sœurs, nous les avons choisies,

Pour qu'il devienne vérité,
Ce rêve qu'on rêvait ensemble
De deux chairs qu'un baiser rassemble
Et confond pour l'éternité !

Seulement quand les voix se turent, continua Jacques, je me rendis compte qu'elles ne sortaient pas du sépulcre, mais flottaient au dehors, comme bercées par le souffle de la nuit, chansons d'ames errantes, inquiètes et désolées, inquiètes des profanations à venir et des tardives métamorphoses.

III

— J'ai mon histoire de momies aussi, dit l'amira Le Kelpudubec... moins poétique peut-être que celle-ci, mais empreinte aussi cependant d'un certain caractère de fantastique et de merveilleux. Moins poétique cependant, je le répète, et même un peu incongrue.

— Vous gazerez, amiral, fit la commandante.

— Le mot est heureux, madame ; mais, comme vous le verrez par la suite, je pourrais dire plutôt : j'ai gazé.

Et le vieux loup de mer fit une grimace dont un singe lui-même eût été épouvanté.

— Donc, continua-t-il, j'avais été envoyé en mission en Egypte par l'État, qui ne savait comment se débarrasser de moi. Car je me flatte d'avoir été le fonctionnaire le plus embêtant qu'on ait jamais connu, et ma seule présence dans les cadres empêchait les plus ambitieux d'accepter le fauteuil de la marine. Je connaissais mes droits comme pas un et les devoirs des autres comme Dieu lui-même. Ma mission consistait à faire tout ce qui me plairait pourvu que je fichasse la paix au gouvernement. Je commençai par taquiner les Anglais de mon mieux. Bien qu'ils fussent déjà très orgueilleux de leurs conquêtes coloniales, ils n'avaient pas encore la morgue que leur a donnée l'annexion postérieure naturellement — du compositeur Hervé, et qui les rend aujourd'hui intraitables. Je dus renoncer rapidement cependant à être aussi désagréable qu'eux. C'est dans cet art, en effet, bien mieux que dans les tragédies de Shakespeare, que s'e t toujours affirmé leur génie national. Me sentant vaincu, j'abandonnai la lutte et me livrai à la science.

Je me mis à profaner les momies tout comme un autre. C'est ainsi que j'avais fait transporter dans ma chambre d'hôtel, au Caire, celle d'un Pharaon fameux, le roi Pétosiris, pour la déchiqueter tout à mon aise. Ce prince s'était distingué, beaucoup de siècles avant Jésus-Christ, par son goût pour les travaux des champs et les progrès de la vie rustique. Longtemps avant le gouvernement de la République française, il avait institué dans ses États un ordre du Mérite agricole qui se portait sous les espèces d'un collier d'oignons. Il était particulièrement recherché des personnes aimant le lapin sauté et les côtelettes à la Soubise. Fidèle à ses prédilections, même au delà du trépas, ce prince avait exigé qu'on mit dans son cercueil, non pas des idoles futiles et des symboles d'immortalité, des animaux emblématiques et des amulettes contestables, mais une belle variété de légumes secs et conservés par les ingénieux procédés du temps. C'est ce qui fit que je découvris plusieurs poignées de haricots superbes et dans un état de fraîcheur relative stupéfiante. Aucun signe de décomposition! Ils sonnaient quand on les semait à terre et y rebondissaient comme de petites balles. Je ne résistai pas à la tentation de m'en faire accommoder un bon plat avec quelques tranches de lard français, anachronisme dont je ne conviendrais pas dans une séance solennelle de l'Institut.

Vous avez raison, commandante, ces profanations sont coupables ; et la preuve c'est qu'elles sont punies quelquefois. J'eus la plus abominable colique que chrétien ait jamais endurée. Du fond de ces haricots d'outre-tombe, quarante siècles ne me contemplaient pas, mais semblaient se gonfler en moi, quarante siècles gros d'orages et de tempêtes. Que fut-ce, grands dieux! quand ils se mirent à sortir, chacun avec sa musique... j'allais dire en tête, mais je me reprends. Oui, chacun avec sa clameur caractéristique, les siècles d'abondance et de paix avec un susurrement très doux et presque joyeux ; ceux de famine et de guerre avec un tapage insupportable et tonitruant. Oui, les quarante siècles défilèrent sans qu'aucun manquât à l'appel. Ce que j'étais essoufflé!

« Qui me parle la langue de mon pays? fit tout à coup la momie du roi Pétosiris en se levant légèrement sur son séant et après avoir éternué. »

J'étais muet de terreur. Il faisait nuit, comme dans l'histoire de Jacques; mais une nuit sans étoiles, une nuit sombre où battaient à l'aise les ailes chauves des cauchemars.

« Parle encore, continua le prince qui avait aimé à cultiver lui-même la pimprenelle dans son jardin.

— Hélas! Sire! lui répondis-je, le dernier siècle est sorti et je suis obligé d'attendre maintenant le 31 décembre 1899 pour vous dire la chanson du quarante et unième. Mais, puisque j'ai eu le bonheur de vous délier la langue par un procédé dont je ne soupçonnais pas l'efficacité, ne me pourriez-vous apprendre comment vous avez passé le temps depuis que vous êtes enseveli.

— A regretter de n'avoir pas consacré à faire l'amour tout celui que j'ai passé à faire autre chose. »

La momie éternua de nouveau, puis se recoucha, inexorablement muette.

— Je crois que tous les morts de tous les pays en diraient autant, si la même question leur était posée, conclut la commandante avec infiniment de sagesse.

MADAME ARGAN

MADAME ARGAN

I

De ce que je raconte volontiers des histoires de maris trompés, il ne faudrait pas conclure que je sois le moins du monde sceptique à l'endroit de la vertu des femmes. Au contraire. C'est parce que le cas de ces messieurs m'apparaît comme exceptionnel que je m'empresse de le signaler à l'attention de leurs contemporains. Y aurait-il même lieu d'en parler si leur aventure était commune? Il faut convenir d'ailleurs que le plus grand nombre mérite si bien son sort qu'il n'y a pas lieu de le plaindre, partant de blâmer celles par qui il lui vient. Les cocus intéressants sont des oiseaux fort rares. Le gros de l'espèce n'a pas plus d'importance que les moineaux et ne vaut même pas le prix d'une cage. Notez que je parle ici par métaphore. Car l'idée d'en faire collection pour les jardins zoologiques ne m'est jamais venue.

Combien peu de gens, en effet, savent aimer! On aime, en principe, les personnes de deux façons bien différentes : pour soi-même ou pour elles-mêmes. La première de ces tendresses n'est qu'une forme raffinée de l'égoïsme et ne mérite que l'ingratitude. J'en ai connu, moi, de ces époux ou de ces amants qui eussent préféré voir leur bien-aimée morte qu'infidèle. Par exemple, je n'en ai vu qu'un qui l'osât avouer à celle qui était l'objet de cette affection touchante, et qui ajouta même cette exclamation du plus haut comique : Au moins, je pourrais te pleurer toute ma vie!

Les gaillards de ce tempérament sont de simples monstres, et la femme qui ne les trompe pas à tire-larigot manque au premier de ses devoirs. On n'est pas godiche au point de savoir gré à qui vous adore avec ce désintéressement. Eh bien, ils ne sont pas rares ceux qui pensent ainsi, et vous ne voudriez pour rien au monde qu'ils en fussent récompensés.

Il y a aussi les gens insupportables à vivre que nous aimerons à voir trompés chez eux. Les bons moments qu'on leur vole sont une revanche des mauvais qu'ils vous infligent, revanche absolument légitime et naturelle. Beaucoup ne sont pas méchants, au fond, mais ce n'est pas une raison parce qu'on n'est pas méchant pour qu'on ait le droit de nous embêter outre mesure. Le marron est un comestible que j'estime, mais je n'éprouve aucun plaisir à le rouler entre mes doigts tant qu'il est hérissé de son écorce naturelle aux mille épingles vertes. On n'a malheureusement pas la ressource de dépouiller de leur enveloppe les personnes maussades, pour s'assurer, après les avoir préalablement fait sauter dans une poêle, qu'elles ont bon goût.

II

Non, certes, il n'était pas de mauvaise nature ni d'instincts pervers, ce monsieur Argan dont je vous vais narrer l'histoire et qui descendait en droite ligne de celui de Molière. En voilà un qui était pour confirmer la théorie vraisemblable de l'hérédité! Rose et grassouillet, de bel embonpoint et de belle mine, il n'était maladie au monde dont il ne se crût atteint. Tout lui était lamentation et pronostic de fin prochaine. Il ne pouvait éternuer qu'il ne crût rendre l'âme, et, lorsqu'il lui arrivait de soupirer dans le mode mineur, il en concluait bien vite que c'était la nature qui pleurait en lui, pareille au cygne, la fin précoce de ses jours. Il ne marchait que chargé d'une pharmacie et les prospectus de remèdes nouveaux n'avaient pas de lecteurs plus fidèles. Il lisait tous les journaux de médecine et les cas pathologiques les plus épouvantables lui faisait hocher avec résignation la tête, comme à un homme qui se dit : c'est exactement le mien!

Et vous croyez que cet animal-là rendait la vie agréable à sa femme!

Notez que Mme Argan était une nature impressionnable et souffrante, sujette à mille maux réels. Mais qu'elle s'avisât de se plaindre! qu'elle osât insinuer qu'elle ne se sentait pas bien... — Et moi donc! que dirai-je! commençait son mari. Suivait une nomenclature de ses fantastiques douleurs durant laquelle la pauvre femme n'avait plus qu'à baisser la tête en pensant à autre chose.

Elle eût été bien sotte de ne pas prendre un amant, ne fût-ce que pour se rappeler que la vie comporte quelques douceurs parmi d'innombrables ennuis. Moi je suis pour les compensations, comme feu Azaïs, et j'imagine que tout être a droit à un minimum de bonheur au-dessous duquel le suicide lui est permis. La compensation de Mme Argan était un beau garçon de vingt-cinq ans, rentier de son état, partant ayant les loisirs nécessaires à ce doux métier de consolateur quotidien qui est le meilleur que je sache au monde. Donner quelques joies à une malheureuse créature qui en est absolument dénuée dans sa maison est le fait d'un esprit sensible et généreux. C'est de toutes les incarnations de don Quichotte celle qui est le plus de mon goût. Notez que le dévouement était facile à Agénor, — ainsi se nommait ce mortel compatissant. Car Mme Argan était une adorable personne, sous son masque un peu pâle, mais éclairé par deux yeux aux reflets d'améthyste, et casqué par une chevelure sombre aux reflets métalliques comme ceux de l'eau courante dans la nuit. Ne croyez pas au moins que, mignonne d'aspect, elle fût maigre le moins du monde. Elle était faite, au déshabillé, de surprises charmantes et les coupes qu'on eût pu mouler sur ses seins eussent contenu de quoi griser la lèvre d'un dieu! Agénor venait tous les jours célébrer sa messe amoureuse devant cet autel exquis, durant les après-midi que M. Argan emplissait de promenades hygiéniques chez les apothicaires du quartier du Temple que ce couple heureux (j'entends sa femme et l'amant de celle-ci) habitait. Le plus souvent même, Agénor, avant de s'en aller, disait un bout de vêpres, comme si tous les jours eussent été des jours fériés. Mais ce jour-là, — celui où se passa l'aventure, — il avait passé les vêpres, au grand mécontentement de la Divinité qu'il servait. Permettez-moi de vous dire cependant, madame, qu'il n'est pas toujours permis de monter deux fois de suite au lutrin.

III

Que faisait pendant ce temps M. Argan? — Il achevait une partie de dominos, dans un café du boulevard, avec son ami le Dr Minouille, tout en lui racontant les phénomènes morbides dont il n'avait cessé d'être l'objet depuis le matin. Mais le docteur, fidèle à une tradition médicale très en vigueur n'écoutait pas un mot de ce que lui disait son malade. Il était six heures du soir à peu près et le Dr Minouille devait dîner chez son client, en campagnie de quelques amis communs.

— Il est temps de partir, fit M. Argan; ma femme nous attend à six heures et demie, et il y a un faisan rôti qu'il faut manger à point.

— Ne tardons pas un instant de plus, fit le Dr Minouille, qui était professionnellement gourmand.

Le grand air froid les piqua au visage et les apéritifs récemment ingérés leur inspirèrent une pensée commune. Mais il y avait une queue véritable autour du petit monument dont l'empereur Vespasien revendique la paternité dans l'histoire. Je ne ferai cependant pas à cet empereur, qui était un homme d'esprit, l'injure de croire qu'il donna lui-même les plans des ridicules édifices dont nos chaussées sont pourvues, et dont un sage républicain a dit qu'ils n'étaient bons qu'à mitrailler le peuple, les jours d'émeute, par les meurtrières dont leur blindage est crevé çà et là. Tout y est encombrement dès que cinq ou six postulants seulement s'y présentent. Or, il y en avait bien une quinzaine. C'était cinq minutes à attendre pour le moins. M. Argan prit place dans cette théorie douloureuse de candidats aux rétentions futures. (C'est décidément un spécialiste qui a inventé ces machines-là!) Le docteur, toujours distrait, se mit à sa suite, tout en rêvant du faisan annoncé. La foule grossit derrière eux. Le docteur passa à son tour, puis il attendit sur le trottoir son client qui ne revenait pas. Il attendit, tout en s'étonnant, mais sans impatience. Il serait toujours temps d'entendre cet animal reprendre la kyrielle de ses maux ! Au bout d'un quart d'heure cependant, il s'inquiéta. Le faisan n'aurait qu'à brûler! Il regarda autour de lui, courut à un debit de tabac, où M. Argan était entré, sans doute, sans qu'il l'eût vu. Ne l'y ayant pas trouvé, il prit le parti de retourner à l'octogone municipal. Il fit le tour à l'intérieur, derrière la cuirasse, et. dans une des cases découvrit enfin celui qu'il cherchait. Il lui frappa, comme le Christ à Judas, sur l'épaule. M. Argan se retourna avec une face plus désespérée encore que de coutume.

— Mon ami, fit-il d'une voix éteinte, je suis perdu!

— Quoi donc? interrogea le Dr Minouille.

— Vous voyez le temps que je suis resté là? Eh bien! rien! rien! rien! paralysie complète. Demain je serai mort.

— Vous exagérez, mon cher, fit le médecin.

— Mettons : après-demain, Minouille, et n'en parlons plus! Paralysie complète, vous dis-je! Pas un mot à ma femme ni à mes amis. Je ne veux pas attrister le dernier repas que nous prenons ensemble. Rien! rien! rien! Perdu! perdu! perdu!

— Je vous sauverai! fit le généreux docteur. Mais pensons au rôti.

Argan lui serra la main avec une expression de reconnaissance incrédule, et tous deux sautèrent dans un fiacre. Ils étaient à l'heure devant le potage.

IV

Conversation insignifiante de dîneurs appartenant au petit monde bourgeois :

— Aimez-vous les haricots, mademoiselle? demanda timidement le clerc de notaire Poussemol à Mlle Elodie Beauminet.

— Je ne puis les souffrir, répondit sentimentalement Mlle Elodie. Rien que d'en voir me fait froid dans le dos.

— Moi, c'est tout le contraire, dit Mme Ratelier avec un rire malicieux.

Laissons, je vous prie, ces entretiens insipides. Mme Argan ne les écoutait guère. L'air préoccupé de son mari, qui semblait comme anéanti dans une méditation silencieuse, lui faisait peur. Aurait-il appris quelque chose? C'est qu'il était jaloux comme un tigre! Et cet Agénor était si léger, si imprudent! Fatale journée! M. Argan avait été certainement averti! Un malheur n'arrive jamais seul. C'est ce qui le différencie des services d'Agénor. La pauvre femme avait la tête aux champs devant l'attitude de plus en plus consternée et mystérieuse de son époux. Le Dr Minouille, lui, humait avec componction une aile de faisan.

Tout à coup, le visage de M. Argan s'éclaira. Une indicible joie passa dans ses yeux! Un grand éclat de rire lui délia les lèvres. Sa femme crut qu'il devenait fou de colère et de désespoir.

— Mon ami! mon ami! fit-il en se jetant dans les bras du Dr Minouille, je suis sauvé, je n'ai rien! J'avais oublié... Je me rappelle maintenant! Je venais d'y passer une première fois... C'est au second tour seulement! Paralysie bien naturelle!...

— Mon Dieu! mon Dieu! pensa Mme Argan, en se tordant moralement les poings avec angoisse. Par quelle fatalité devine-t-il tout et croit-il que c'est à lui-même qu'est arrivée la honte d'Agénor! Oh! ces insensés! Dieu leur donne donc la seconde vue pour confondre les coupables!

— Buvons! chantons! mes amis! continuait Argan plein de gaieté. A ta santé, ma chère petite femme!

Et il tendait gaiement son verre à Mme Argan, dont la main tremblait en élevant le sien.

Bon gré, malgré, la joie revint à tout le monde et le pauvre docteur Minouille put enfin achever paisiblement son aile. Le jeune Poussemol, en croyant pincer le mollet de Mme Ratelier, égratigna la jambe de Mlle Beauminet qui lui campa une gifle. Ce fut pour confirmer la bonne humeur de tout le monde.

Mais, tout à coup, M. Argan se frappa le front de nouveau. Un voile de tristesse était redescendu sur son visage, plus contracté encore qu'un instant auparavant. Les terreurs de Mme Argan recommencèrent. Anxieuse, elle entendit son mari dire à demi-voix au docteur Minouille :

— Mon ami, mon pauvre ami, je suis encore bien plus malade que je ne le croyais tout à l'heure. C'est une affection du cerveau que j'ai maintenant !

— Ah ! bah ! fit le docteur avec une noble indifférence.

— Tu vois bien que j'ai perdu la mémoire !

— Dieu en soit loué ! pensa tout bas l'excellente Mme Argan.

LA SILENCIEUSE

LA SILENCIEUSE

I

C'était, me dit Jacques, à l'époque de ma vie où des nécessités de carrière me forçaient à vagabonder, sept mois durant, à travers la France, m'arrêtant quelquefois dans les grandes villes, mais, le plus souvent, condamné à demeurer plusieurs jours de suite..., et autant de nuits, dans de très minces villages. Dans les grandes villes, c'était infiniment simple. Toutes ont les mêmes ressources, — abjectes, mais nécessaires. Les chefs-lieux de cantons me livraient à l'imprévu des recherches souvent difficiles chez des peuplades n'ayant pas, en matière d'hospitalité, les mêmes idées larges que les Lapons, qui sont petits par la taillle, mais immenses par la complaisance conjugale.

C'est que je n'avais pas vingt-cinq ans encore, et que le vin d'une vigoureuse jeunesse fermentait dans mes veines et forçait aux audaces ma nature ordinairement timide. Le souper et le gîte, c'est très bien... mais il y a le reste, et ce reste-là est tout, à mon avis. J'étais le Juif errant des amours incohérentes et vite rompues. Et ce que j'excusais don Juan d'en avoir quelquefois conté à des maritornes! Ah! la bête d'existence que je menais là, des éperons au flanc, les reins en feu, sans idéal permis dans l'auguste recherche des formes, laquelle ennoblit seule les stupides fureurs du désir! J'ai encore des hontes soudaines quand j'y pense aujourd'hui. Adorer les grives et ne manger que des merles!... Merles blancs, j'en conviens, quelquefois. Car les rencontres ont leur bonheur furtif, mais auquel manque toujours cette attente délicieuse qui en ferait surtout le prix.

II

Je venais d'arriver dans une façon de bourg considérable... J'en ai oublié le nom. Mais on y parvenait, vers les cinq heures du soir, par une mauvaise diligence, qui partait de Cahors à dix heures du matin. On était en pleine fin de septembre et la cueille du raisin se fait de bonne heure dans ce vignoble pays. La journée avait été chaude en diable, mais une tiédeur très douce accompagnait le déclin du soleil descendant, calme, vers les coteaux. Tout le long du chemin, très poudreux d'ailleurs, sous les pas fumants des chevaux, on rencontrait de beaux gars et des filles brunes qui se disaient des bêtises en revenant de l'ouvrage, bras enlacés autour des tailles et la bouche sur la nuque. Un parfum d'idylle sauvage montait des plantes bordant les fossés. Je me sentais inquiet, tourmenté, malheureux, juché au faîte de cette carcasse roulante de mauvais bois jaune coiffé d'une bâche crevant çà et là. Et hue donc! Les rosses assommées peinaient de plus en plus aux côtes. Tout autour c'était une envolée d'oiseaux piaillant dans la lumière dorée. Je n'écoutais rien, je ne voyais rien. J'étais tout à la révolte intérieure de me trouver dépareillé dans le grand accouplement de toutes ces joies chaudes et vibrantes, amoureuses et éperdues, prêtes à se cabrer sous le fouet d'argent de la nuit.

On arriva avec un peu de retard. La meilleure auberge me fut désignée. On mange rudement dans ce coin de la France. La grande cuisine sentait bon, mais je n'avais pas faim. Je touchai à peine à mon dîner et je demandai qu'on me conduisît à ma chambre.

— Elle n'est pas faite encore, me dit l'hôtelier, mais ce sera l'affaire d'un instant.

III

Il n'y avait pas cinq minutes que j'y étais, en effet, chassant, par la fenêtre grande ouverte, le déplaisant parfum du dernier occupant ; — car ce me sera un dégoût éternel que cette promiscuité de la vie d'auberge — quand une femme entra avec des draps blancs repliés sur le bras. C'était celle du patron de la maison, une femme jeune, aux cheveux très noirs, ni grande ni petite, ni grasse ni maigre, ni belle ni laide, sans type bien défini, mais avec un charme vague de jeunesse et de santé. Le spectre de mon prédécesseur, lequel sentait rudement la pipe, s'envola par la croisée en même temps qu'elle passait la porte. Sans perdre un moment, elle bouscula le traversin, jeta à terre un amas de lingeries douteuses, donna quelques coups de poing dans les matelas, les ouvrit pour glisser entre eux la toile nouvelle qui sentait encore la lessive fraîche. Tout cela sans une bien grande vivacité de mouvements, mais sans s'arrêter non plus, tranquillement, comme on fait une tâche indifférente. Elle passait des deux côtés du bois de lit, ses hanches pénétrant difficilement entre celui-ci et la muraille au papier défraîchi. Elle se penchait, pour border, tendant une croupe solide sous l'étoffe entr'ouverte. Son corsage aussi était mal agrafé et ses seins, deux seins un peu bruns mais durs, venaient frôler les draps où j'allais m'étendre, y laissant cette *odor di femina*, laquelle est comme l'âme même des tentations. Je ne sais pas ce qui me prit, ou plutôt je le sais à merveille. Sans lui dire un mot, je m'élançai... Ce fut une minute qui tomba sans bruit dans le gouffre de l'éternité.

IV

N'ayant pas eu le temps de m'excuser avant, quand je voulus, après, m'assurer de mon pardon dans un baiser, elle détourna vivement sa bouche. Sans brusquerie, mais très nettement elle se dégagea de mon étreinte et, reprenant son ouvrage un peu compromis, elle se mit à fignoler des plis gracieux sous l'oreiller, imperturbable et sans rien témoigner de ses impressions. Je tentai de lui parler ; elle ne me répondit pas. Quand je la vis prête à s'en aller, je voulus lui prendre la main. Elle la retira sans colère, mais vivement. La porte se referma sur elle, sans que j'eusse entendu le son de sa voix. Je dois avouer que j'étais abasourdi.

La réflexion me vint, peu rassurante. Avait-elle bien pris ou mal pris l'hommage irrespectueux que je n'avais pas déposé à ses pieds? Était-elle satisfaite ou mécontente? Pleine de reconnaissance ou pleine de rancune? Qu'allait-elle faire? Penser à moi toute seule ou se plaindre à son mari? Ah! dame! Avec une attitude comme celle-là, cet acte de franchise n'avait rien d'impossible! Je ne m'étais pas assuré de son consentement et il ne tenait qu'à elle de se dire violée. Br br br! La perspective de cette confidence m'embêtait infiniment. Il n'avait pas l'air bon, l'hôtelier! Un gros sanguin qui devait être brutal et colère, avec des yeux sournois, des yeux de paysan... Ah! je n'ai jamais eu peur de la mort, mais j'ai toujours craint un trépas ridicule.

> Dieu, mes enfants, vous donne un beau trépas!

a dit Béranger. C'est le cas de dire que la façon de donner vaut mieux que ce qu'on donne. Quand j'étais entré dans sa cuisine, ce rustre était en train d'empaler un canard, dont les tripes fumaient, à côté, sur une assiette. Il était hideux avec son grand tablier sanglant et sa broche. Un bourreau élégant, soit! Mais cet assassin de volailles au foie trop gros, non! Cette parenté d'outre-tombe avec un oiseau comestible, réputé pour son goût de navets et de petits pois, indignait ma gentilhommerie naturelle.

Je passai une mauvaise nuit, malgré le doux arome que la gorge penchée de mon hôtesse avait laissé dans les toiles. J'eus des cauchemars saugrenus où je me sentais truffé d'olives par un doigt indiscret, où je m'entendais rissoler dans une flambée de bois, où des voix de gnomes affamés se disputaient mes aiguillettes. Ah! mesdames, mes pauvres aiguillettes, que je dénouais si volontiers en votre honneur!

V

Je me levai de bonne heure. On marchait déjà dans la grande cuisine. Une tragédie valait mieux que ce doute insupportable. Je pris une lourde canne, résolu à vendre chèrement ma vie, et je descendis les quelques marches vermoulues qui séparaient ma chambre de la grande pièce formant le rez-de-chaussée de la maison. Mes craintes n'étaient que trop justifiées. Mon hôte m'attendait dans la cuisine en fourbissant furtivement sur une pierre un énorme couteau pointu. Enfin! Enfin! je ne mourrais toujours pas d'un coup de broche! Il sifflottait, l'animal. Il sifflottait mon chant du cygne, comme une oie voulant imiter la chanson suprême de ce sublime oiseau! Il se retourna en m'entendant :

— Ah! Ah! monsieur, me fit-il, je parie que nous aimons les jolies femmes!

C'était direct, n'est-ce pas? Le monstre gouaillait avant de m'égorger.

— Il y en a de charmantes ici, poursuivit-il, mais il ne faut pas se frotter à toutes.

C'était clair. Une pointe d'ironie avant la pointe du couteau.

Je ne répondais absolument rien, mais je serrais ma canne dans ma main.

— Et monsieur ne va pas aller faire un tour aux vendanges, ce matin?

L'infâme! Il m'allait énumérer les joies de la vie avant de la ravir!

— C'est très amusant les vendanges ici! continua-t-il en donnant le dernier fil à l'instrument mortel. C'est là qu'on fait des cocus!

Et il riait, la canaille! il riait amèrement.

Alors seulement, je levai franchement les yeux sur lui et je fus subitement rasséréné. Car une grande expression de bêtise orgueilleuse illuminait son visage quand il ajouta avec bonhomie, en jetant le couteau suffisamment aiguisé dans un tiroir:

— Aussi, il n'y a pas de danger que j'y laisse aller ma femme.

— Voici votre chocolat, monsieur, dit, derrière moi, une voix que je n'avais jamais entendue, une voix de femme.

C'était mon hôtesse, qui me posait une tasse sur la table et s'en retournait sans m'honorer d'une plus longue attention.

FIN

TABLE DES MATIÈRES

Emile Colin. — Imprimerie de Lagny.

www.ingramcontent.com/pod-product-compliance
Lightning Source LLC
LaVergne TN
LVHW020535230826
846091LV00002B/279

* 9 7 8 2 0 1 9 6 9 6 1 5 3 *